ユニクロの仕組み化

UNIQLO WISDOM

元・ファーストリテイリンググループ執行役員
宇佐美潤祐

SB Creative

はじめに

□「時価総額14・5兆円」「企業価値創出力No.1」の衝撃

「ユニクロ」は、みなさんにとってどんな存在でしょうか？

「LifeWear（究極の普段着）」を標榜しているユニクロは、みなさんの生活の一部になっているのではないでしょうか？

柳井正という創業経営者が率いて、日本だけでなく海外にもたくさん出店し、成長を続けている会社。服のリサイクルを積極的に行い、難民にリサイクルした服を届けている会社。ユニクロの名前を知らない人はほとんどいないと思います。

こうやってみなさんによく知られ親しまれているユニクロですが、ユニクロの本当のすごさを理解している人は少ないのではないでしょうか?

ユニクロの何がすごいのか?

企業価値創出力が半端ではないのです。図表1は、日本の時価総額トップ10企業の時価総額とPBR、ROE、PER(それぞれ解説は後述)を比較したものですが、ユニクロを展開するファーストリテイリング(以後、FR。なお、本書ではわかりやすくするため特別の場合を除きFR=ユニクロとします。FRの子会社である事業会社のユニクロを示す場合は「事業会社ユニクロ」とします)は時価総額14・5兆円で第7位となっています(2024年8月23日時点)。

1984年に広島でユニクロの1号店を出して今年でちょうど40年ですが、地方の新興アパレル企業に過ぎなかったユニクロが、今やトヨタ自動車、三菱UFJフィナンシャル・グループ、キーエンス、ソニーグループ、日立製作所、リクルートホールディングス、NTT、三井住友フィナンシャルグループ、信越化学工業といった日本

図表1　日本企業時価総額トップ10とPBRの因数分解

	時価総額（兆円）	PBR（倍）	ROE（%）	PER（倍）
トヨタ自動車	42.4	1.01	15.81	7.32
三菱UFJフィナンシャル・グループ	18.8	0.88	8.10	12.23
キーエンス	17.3	6.00	13.95	46.61
ソニーグループ	16.7	2.08	13.10	17.01
日立製作所	16.0	2.67	11.08	27.27
リクルートホールディングス	14.6	6.36	19.50	39.06
ファーストリテイリング	**14.5**	**6.56**	**17.51**	**47.29**
NTT	13.8	1.28	13.90	10.07
三井住友フィナンシャルグループ	13.0	0.87	7.04	13.64
信越化学工業	12.8	2.86	12.80	24.64

出所：YAHOO!ファイナンス、みんかぶ　　注：2024年8月23日時点のデータ

を代表する企業と伍しているのは、本当に、素晴らしいことです。時価総額を比較していただければわかる通り、トヨタは圧倒的規模を背景に頭抜けていますが、2位以下は接戦で、さらに上位をうかがえる可能性もあります。

ここで留意いただきたいのが、企業価値・時価総額はユニクロにとって結果指標でしかないということです。後ほど詳しく述べますが、ユニクロは誰のためにあるかというと、**お客さまのためにある**ということが社員ひとりひとりに浸透しています。

お客さまの期待を超えることを懸命に追求し続けた結果、売上高は2023年8月期決算で約2・7兆円となり、3兆円を完

全に射程にとらえています。これは同社の30年前の売上高の約４００倍と、驚異的な成長を示しています。**実際、日本の上場企業の売上高上位１００社のうち、30年前と比較可能な企業の中で最も高い伸び率となっています。**

時価総額で第7位ということだけでもすごいのですが、企業価値創出を因数分解して見てみると、ユニクロのすごさがもっとわかります。みなさんはＰＢＲという言葉をご存じかとは思いますが、念のため説明しておきます。

ＰＢＲとは「Price Book-value Ratio」の略で株価純資産倍率です。時価総額÷純資産額で算出され、株価が一株当たり純資産の何倍まで買われているかを見る投資尺度です。

現在の株価が企業の資産価値（解散価値）に対して割高か割安かを判断する目安として利用されます。つまり、ＰＢＲが1倍を切っていると、今会社を解散する方が株主にとってはメリットがあるということになります。近年政財界でもＰＢＲ1倍を超すことの重要性がいわれています。

このＰＢＲは、ＲＯＥ×ＰＥＲに因数分解できます。ＲＯＥは言うまでもなく自己資本利益率で、当期純利益÷純資産額で算出され、足元の収益性・資本効率の指標です。２０１４年に出された「伊藤レポート」で日本企業はＲＯＥ８％を目指すべきという提言がなされ、その功罪についてはいろいろな意見がありますが、注目されてきた指標です。ＰＥＲは株価収益率で時価総額÷当期純利益で算出され、当該会社の株式市場での将来の成長期待を示した指標です。

ユニクロをこのＰＢＲ＝ＲＯＥ×ＰＥＲの因数分解で日本の時価総額トップ10の企業と比べてみると（図表1参照）、ＰＢＲは6・56倍でリクルート、キーエンスを上回り1位、ＲＯＥは17・51％でリクルートについで2位、ＰＥＲではキーエンスを上回り1位となっています。つまりユニクロは足元の経営効率が高いのみならず、将来の成長期待でも高い評価を受けているということです。

キーエンス、リクルートも似たような評価を市場からは受けていますが、他のトップ10に入っている企業は、ＲＯＥはそこそこ高いのですが、ＰＥＲ（将来の成長期待）が低く、ユニクロ、キーエンス、リクルートに比してＰＢＲで大きく劣後していることがわかります。

つまり企業価値創出効率の劣後を規模で補い、絶対額としての時価総額を捻出しているということです。企業価値創出の効率性でいえば日本で時価総額トップ10企業の中でNo．1となっているのがユニクロなのです（もちろんスタートアップでもっと高いPBRの企業もありますが、時価総額トップ10という大企業のトップ・オブ・ザ・トップの企業の中で見ると、紛れもなくNo．1です）。

このユニクロの**ユニクロの企業価値創出力No．1**を物語るエピソードとして、**ユニクロは日経平均を最も動かす（寄与度が最も高い）銘柄**になっているということがあります。

図表2は2024年3月に日経平均が4万円を突破した直後の日経平均寄与度トップ5企業を示したものですが、ユニクロが10％強で1位になっています。今はAI（人工知能）ブームもあり、半導体関連の銘柄が全体を動かす傾向にありますが、そうした中でもユニクロの寄与度がAI関連銘柄を抑えてトップになっています。**「日経平均はユニクロ平均」**ともいわれるほどです。

ちなみにユニクロのPBR6倍超（7倍を超すことも最近はあります）は、日本企業においてトップクラスであるだけでなく、図表3に示したGAFAM（Google,

図表2 日経平均への寄与度トップ5企業
（2024年3月8日・日経平均4万円突破時）

1位	**ファーストリテイリング**	**10.93%**
2位	東京エレクトロン	9.66%
3位	アドバンテスト	4.65%
4位	ソフトバンクグループ	4.52%
5位	信越化学工業	2.76%

出所：https://media.moneyforward.com/articles/9243

Apple, Facebook, Amazon, Microsoft）と比しても、Appleの50倍超は別格としても、Googleを上回り、Facebook（現Meta）やAmazonとは遜色ないPBRであり、**企業価値創出力は世界で見てもトップクラス**にあります。

□ユニクロは仕組み化が9割

では、なぜ、ユニクロはこのような企業価値創出力No.1の経営が実現できているのでしょうか。

おそらく、「創業者の柳井正さんがすごい」「柳井さんのカリスマ性によるものがで

図表3　GAFAMのPBR

Google（Alphabet A）	3.23
Apple	51.67
Facebook（Meta）	7.36
Amazon	7.86
Microsoft	11.54

出所：みんかぶ、Kabutan（2024年8月23日時点の各社のPBR）

は」と感じている人が多いのではないでしょうか。

　確かに柳井さんは、日本の産業史に名前を残す人でしょう。実家の山口県の小さな洋服店をグローバルレベルのＳＰＡ（製造小売業）に育て上げることは、柳井さんでなければできなかったはずです。ユニクロの登場以前は商品の企画・生産・流通在庫に一気通貫で責任を持つ企業は日本には存在しませんでした。日本のアパレル業界はユニクロ以前と以後に明確に分かれます。

　ただ、同社で柳井さんに直接仕えていた（そして怒られまくった）私からすると、ユニクロの強さは、柳井さんの強烈なカリ

スマによるトップダウンによるもののみではありません。むしろその真逆のところにあります。

特定の人に頼らない仕組みをつくって、事業を回す。それがユニクロの最大の強みであり、柳井さんが長年かけて取り組んできたことなのです。

側に仕えてしみじみ思うのは、柳井さんは本当に天才的な創業経営者で、右脳・直感・商売人としての嗅覚に優れた人だということです。ある日突然「バングラとニューヨークはつながっているんです！」と言われて面食らい、その後、真意・本質を聞いてなるほどと納得したような経験はたくさんあります。

その卓越した閃き・ビジョンを言語化・形式知化し、経営としての実行に移し、成果を出していくためには、組織としての仕組みがＭＵＳＴでその必要性を誰よりも認識されていたのが柳井さんなのです。

後ほど詳しい話をしますが、経営者として若いころから経営理念や経営の原理原則を自らの手で多く書き溜め、自らそれを教えることをやってこられた柳井さんの経営姿勢そのものが、ユニクロにとっての仕組み化の重要性を物語っています。

□ユニクロの仕組み化のすごいところ

先ほどPBR＝ROE×PERの因数分解の話をしました。通常仕組み化というと経営効率の向上、つまりROE向上に効くというように思われがちです。もちろんその要素も大きいのですが、ユニクロの場合はイノベーションをドライブする仕組み、すなわち将来の成長期待PER向上に効く仕組み化も同時に行っていることが他社と一線を画し、企業価値創出力No．1実現の大きな原動力になっていると私は考えています。

先ほど「伊藤レポート」の話をしましたが、2014年に「伊藤レポート」が出てからの10年を振り返り、日経ビジネスが「伊藤レポート10年　生みの親・伊藤邦雄名誉教授のメモににじむ無念」という興味深い特集記事を組んでいました。図表4はその中の分析で、日本企業のPBR＝ROE×PERという方程式が欧米企業に比してどう改善してきたかを示したものです。日本企業はROEは9％台に改善はしてきたものの、PERは横ばい、つまり市場からの将来の成長期待は相変わらず低いという

図表4　日本企業のPBR＝ROE×PERの推移（2009〜2023年）

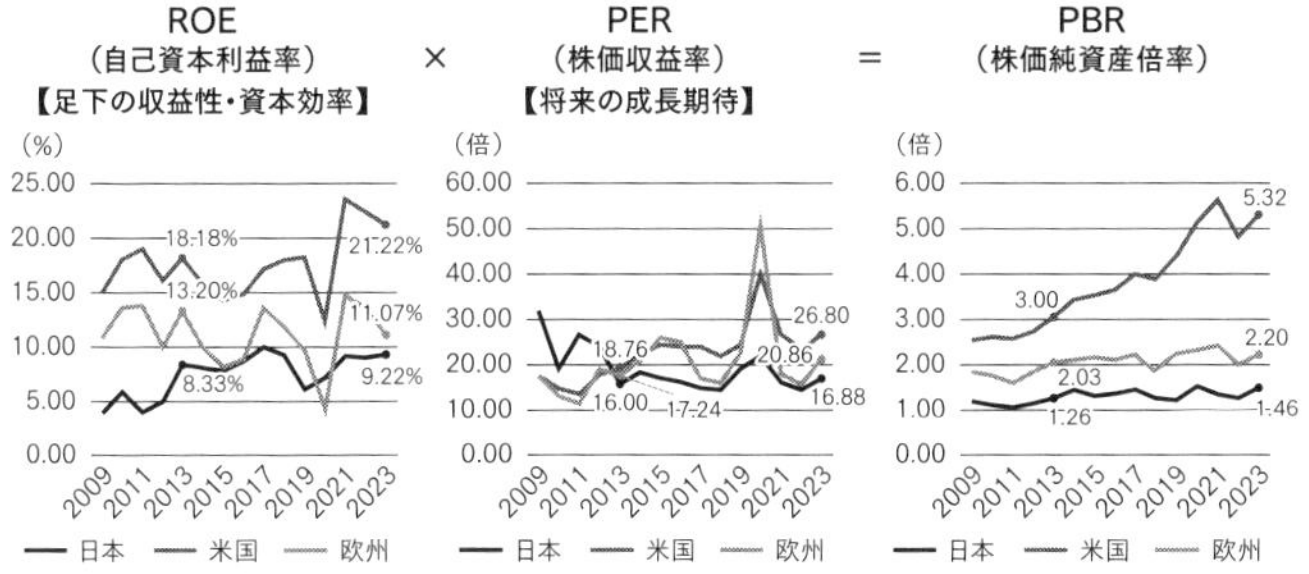

（注）調査対象は、日本はTOPIX500のうち403社、米国はS&P500のうち344社、欧州はBE500のうち305社（金融業および継続してデータを取得できない企業を除く）。S&P500は、本社所在地が米国以外の企業を除く。

「2009〜2023」は、企業の事業年度を指す（例　2024年3月期決算の企業のPBRは「2023」に反映）。

ROE＝純利益／純資産額（期首期末平均）＊100

PER＝時価総額／当期純利益

PBR＝時価総額／純資産額

※上記はすべて時価総額加重平均によるもの

特にS&P500は、TOPIX500と比べて構成銘柄の変化がダイナミックであり、パフォーマンスが高い企業が構成銘柄に組み込まれる仕組みになっているが、その点は当該比較分析にあたり考慮していない。

（出所）Bloombergのデータを基に経済産業省作成

出所：日経ビジネス「伊藤レポート10年　生みの親・伊藤邦雄名誉教授のメモににじむ無念」
https://business.nikkei.com/atcl/gen/19/00139/062600197/

分析結果が出ています。

ユニクロは日本企業の最大の弱点である将来の成長期待アップを、イノベーションをドライブする仕組み化を通じて行ってきました。ここにユニクロの仕組み化の最大の特長があり、日本企業・読者のみなさんに大きな示唆があるのではないかと思っています。

本書ではユニクロを企業価値創出力No.1企業にならしめた仕組み化の話をしていきますが、その全体像を図表5に示しました。

PBR＝ROE×PERという企業価値

創出の方程式にユニクロの仕組みがどう連関しているかを示したものです。

前述した通り、**生産性を上げる仕組み**のみならず、**イノベーションを促す仕組み**が、**意識を高める仕組み**、**成長を促す仕組み**と相まって、ROEとPERを高め、結果としてPBR（企業価値創出効率）を高める構造になっています。各仕組みについては序章以降で詳しく話していきますが、ここでは仕組みの根幹となる基本戦略である**「グローバルワン・全員経営」**について頭出しをしておきます。

グローバルワン・全員経営は、ユニクロが事業を行うに当たり最も大切にしている考え方です。世界で一番良い方法を全員で実行する。それを通じて世界一を目指す最強の集団になる、という意味です。

世界で同じ経営理念、価値観を共有することは大前提ですが、その実現のための行動が必要で、その行動の基本となる考え方がグローバルワン・全員経営です。今自分がやっていることは本当に世界で一番良い方法なのかを真剣に考え、実行しては改善を繰り返し、全員が情報共有して、より良いものに進化させていく、それが集約されればすごい力になる。これがグローバルワンの本質です。

図表5 企業価値創出力No.1をもたらす
ユニクロの仕組み全体像

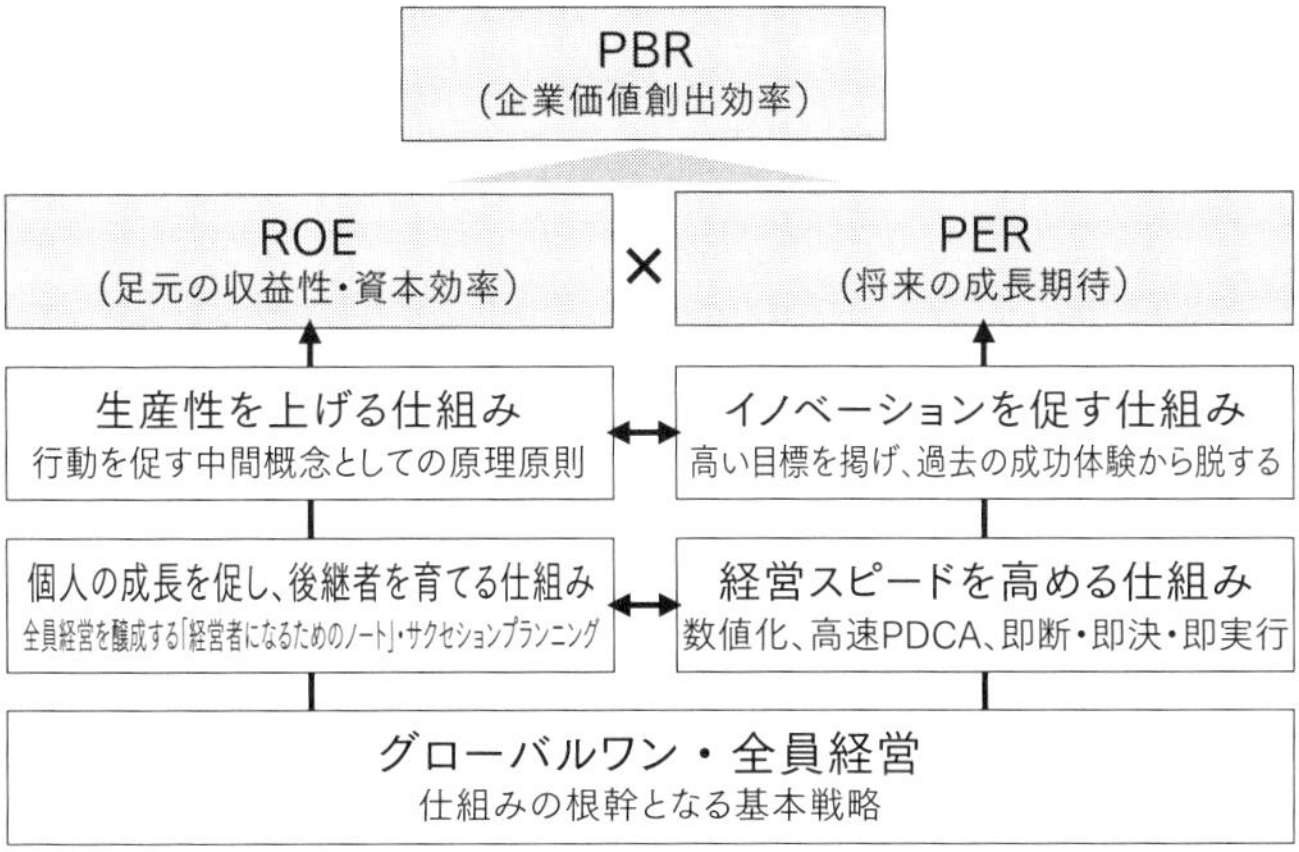

全員経営とは、世界中の全ての社員が経営者感覚を持ち、全員で経営をしていくことをいいます。

柳井さんは「自分で考えて、自分で行動する。これが商売の基本だ」と常々口にしています。そのマインドを役員や管理職だけでなく、店舗のスタッフも持つ仕組みをユニクロでは構築しています。

たとえば、東京の吉祥寺店のウィメンズアウターの担当者でしたら、その売り場を経営者の意識でマネジメントします。自分の担当部門で地域のニーズに合ったどんな品ぞろえ・売り場にしてどれくらいの売り上げ・利益を稼ぎ出すのかを経営者として考え抜き実践し、ＰＤＣＡサイクルを回します。社員でもアルバイトでも経営者の意識を持って働きます。

もちろん、ハードルは高いですが、それが実現できたときのやり甲斐は大きなものがあります。そのハードルを全ての働いている人が飛び越えるための仕組みが必要になるのです。

世界共通の土台である「グローバルワン」という仕組みに、誰もが自分で考えるマインドを持つ「全員経営」という仕組みを掛け合わせる。全ての社員が経営者マインドを持ち、全ての社員の叡智を集めた世界で最も良い方法を実行していくことがグローバルワン・全員経営です。

ユニクロを世界的企業に成長させ、市場からも高い評価を得る原動力になったといっても言いすぎではありません。

ユニクロでリーダーに求められるのは**「変革と創造」**とよくいわれます。変革とは仕組みを変えることで、創造は仕組みをゼロからつくることです。日本の企業では既存の仕組みを効率良く回すことが評価されがちですが、ユニクロでは過去の延長できちんと回すことはあまり評価されません。**リーダーとは仕組みをアップグレードさせ**

たり、つくったりする人なのです。

たとえばユニクロの最近の最重要プロジェクトといわれている「有明プロジェクト」というDX（デジタルトランスフォーメーション）プロジェクトがあります。このプロジェクトが何を変えたかというと、サプライチェーンと顧客体験という会社のあり方そのものを変えました。

ユニクロの急成長の原動力は他社が真似できない品質の商品を大量生産することでした。日本でトップのSPAの地位を確立しましたが、このプロジェクトでは情報製造小売業への進化を試みています。デジタルデータを活用して、必要なものを必要な量つくり、無駄なく消費者に届けるという製造業の最大の課題に挑んだのです。

当然、実現するためには商品開発、生産、物流、全てを変えることになります。サプライチェーンを大改革する巨大プロジェクトです。

これは全社レベルでの「変革」ですが、ユニクロでは地域や店舗、店舗の特定の売り場で毎日のように「変革と創造」が繰り返されています。

私は教育・人材育成という切り口でユニクロの現場で仕組みをつくり、そして広げる役割を担ってきました。本書では、仕組みづくりのノウハウを含め、私の経験・知見と社員へのインタビュー、公開情報に基づきお伝えします。

本書は5章から構成されます。

序章では、なぜ仕組み化が必要なのかについて考えます。

第1章では仕組みの中でも根幹になるビジョンを実践につなぐための中間概念「原理原則」について詳しく説明します。

第2章では、良い仕組みがあっても使ってもらえなければ意味がありませんので、働いている人の意識を高め個人の成長を促し、後継者の育成を行う仕組みをお話しします。

第3章ではユニクロの仕組みの中で最も特徴的といえる、社員が過去のしがらみにとらわれないでゼロベースで考え、積極的にチャレンジしてイノベーションを生み出す仕組みをお伝えします。

そして、最後の第4章では、その仕組みを高速で回すための経営スピードを上げる仕組みについてお話しします。

リーダーの本質は「ビジョンをつくる」ことと「仕組みをつくる」ことです。それに尽きます。それ以外のことをやる必要はありません。ウェイトで言えば「ビジョンをつくる」こと1割、「仕組みをつくる」こと9割です。

カリスマ性がなくても、リーダーシップを発揮するのが苦手でも、問題ありません。経営者や、経営者を目指すみなさんに求められているのは、仕組みづくりです。仕組みづくりは誰でもできます。最も重要なのは、仕組みをつくろうとする姿勢と要諦の理解です。それでは一緒に仕組みづくりの要諦を、ユニクロの仕組みを題材に見ていきましょう。

ユニクロの
仕組み化

□

CONTENTS

序章

なぜ仕組み化こそ「最強の武器」なのか？

第1章

「生産性」を上げる仕組み

——「行動」を促す中間概念としての〝原理原則〟

第2章

「意識」を高め、次世代リーダーを育成する仕組み

――「全員経営」を醸成する〝経営者になるためのノート〟

第3章

「イノベーション」を促す仕組み
——「3倍の法則」と「変革しないと評価されない」評価制度、そして「敗者復活」

第4章

経営スピードを高める仕組み

――〝高速PDCA〟と即断・即決・即実行

序章

なぜ仕組み化こそ「最強の武器」なのか?

組織の成長とは結局、「メンバーの変革」の総和である

□全員が「変革」を求められる会社

リーダーの仕事は「仕組み化」です。

新しい仕組みをつくったり、仕組みをアップデートしたりすることこそがリーダーの仕事で、それ以外は部下の教育を除けば、言葉は悪いですが雑務といっても言いすぎではありません。

幹部クラスでしたら「どうすれば組織全体を変える仕組みをつくれるか」について考える必要がありますし、小規模のチームでも「チームにどういう仕組みがあれば

チームを変えられるか」を考えなければいけません。

ユニクロではリーダーだけでなく働いている人ひとりひとりに「変革」を求めます。

それを最も象徴している柳井正さんの言葉があります。

「CHANGE　OR　DIE」

柳井さんは毎年元旦に、全社員宛てに一年間の方針をメールで流します。「CHANGE　OR　DIE」は、2011年の方針です。「元旦からとても過激な言葉だな……」と思われるかもしれませんが、この言葉は柳井さんなりの社員へのカンフル剤だったのでしょう。

当時の業績は、08年秋に世界を襲ったリーマンショックから回復傾向にはありましたが、芳しくありませんでした。業績は経営陣の責任ですが、柳井さんとしては「働いている人全員に責任がある」という事実を徹底的に認識してほしいという思いがあったそうです。

全員が失敗を認識し、自らの仕事を抜本的に変革し、新しい現実に対応していかなければ生き残れない。ひとりひとりが変わらないと世界と戦っていけない。そんな危機感から発せられた言葉なのです。

すでにこのころ、ユニクロは海外にも進出する大企業になっていました。地方発の中小企業として始まり、グローバル化とは縁遠いと思われていた小売りという業態でしたが、SPA（製造小売業）で大成功を収め、グローバルに事業を展開していました。

当時、店舗ごとの売り上げでも日本の店舗がすでに一番ではありませんでした。1位がパリ、2位がニューヨーク、3位が台湾、4位が銀座……と続いて、上位10位のうち、海外店舗が半分を占めていました。

それだけに、柳井さんの中にはユニクロが大企業病にかかってしまう懸念もあったでしょう。

「CHANGE OR DIE」はそうした文脈から発せられたともいえます。

私は大卒後、大手損保会社に勤めた後、米国留学を経て戦略コンサルティング業界で約20年働いていました。それから、ユニクロの経営者・人材育成機関（FRMIC：Fast Retailing Management and Innovation Center）の担当執行役員として入社しました。

コンサルタントとして多くの企業を見てきましたが、成長しない企業は不活性化していきます。どんどん弱っていきます。

そうした状況を避けるには成長し続けるしかありません。そのためにはこれまでの自社のあり方を自己否定しても、変わり続けなければいけません。

ただ、これが簡単ではありません。

多くの企業は過去に成功したビジネスモデルに縛られ、成功が大きければ大きいほど今までのやり方を変えるのは難しくなります。過去の栄光を捨てられないのですが、捨てなければ衰退します。

まさに企業経営は柳井さんの言葉通り「CHANGE　OR　DIE」なのです。

どれほど変化するのが難しいかを物語るのが、企業の時価総額ランキングです。

バブル景気が絶頂を迎えていた1989年（平成元年）の年末の段階では世界のトップ5を日本企業が独占していました（1位から日本電信電話〈NTT〉、日本興業銀行〈現・みずほフィナンシャルグループ〉、住友銀行〈現・三井住友フィナンシャルグループ〉、富士銀行〈現・みずほフィナンシャルグループ〉、第一勧業銀行〈同〉の順です）。

では、2024年7月現在はどうでしょうか。トップ5に1社も日本企業がいないどころか、トップ10にもいません。30位台まで下るとトヨタ自動車を何とか確認できる状況です。

これは「イノベーターのジレンマ」と呼ばれる現象で、「成功の復讐」あるいは「経路依存性」ともいわれます。特定の技術や事業モデルでの成功体験が足かせとなり、次の波をつかみ損ねるという、勝ち組によくある落とし穴です。

成功を収めたことで、従来の延長線上で何とかしようとすればするほど打つ手は狭まり、変革は起こせず、停滞します。リスクを恐れて、新しい大きな目標を打ち立てず、「前年比○％増目標」のような安全運転をしていれば達成できる目標しか掲げなくなります。

当然、世の中があっと驚くようなサービスや製品は生まれにくくなり、少しずつ衰退していきます。

日本企業の凋落ばかり指摘しましたが、世界的な大企業もこのワナにはまっています。

たとえば「写真フィルムの巨人」といわれた米国のイーストマン・コダックは、デジタル化に乗り遅れて法的整理に追い込まれました。

また、かつて世界最大の自動車メーカーだったＧＭ（ゼネラルモーターズ）も燃費の悪い大型車が生む利益に頼り、小型車シフトや環境技術など市場の変化の波に乗り遅れて、破産法を申請しています。

アナログ携帯電話で大成功したために、デジタル化の取り組みが遅れたモトローラも、典型的な「成功の復讐」にはまってしまった企業のひとつでしょう。

一方でGE（ゼネラルエレクトリック）は、祖業はエジソンが発明した白熱電球ですが、現在、GEの売上高に占める白熱電球の比率はほとんどありません。中興の祖であるジャック・ウェルチ氏による経営改革で、事業ポートフォリオの見直しに成功しました。金融業と製造業の複合経営は世界中の製造業のお手本になりました。

ただ、GEは今、その複合経営が行き詰まり、電力タービンや医療機器などの製造業に専念しています。企業の成長と衰退は、常に紙一重なのです。

こうした「成功の復讐」のワナを、柳井さんは当然熟知しています。ユニクロが目指しているのは「イノベーターのジレンマ」とは無縁の企業です。**自己否定を恐れずに変わり続ける企業**です。

過去に成功したのはそのときの製品やサービス、戦略が環境に適合していたからに過ぎません。環境は常に変わるわけですから、企業も常に変革を起こし続けなければいけないのです。

だから、変わり続ける。それも、経営陣だけが変革を叫んでも限界があります。カリスマ経営者が変革を起こせたとしても、それでは持続性がありません。その経営者が去ったらおしまいです。

だから、ひとりひとりが変わり続けなければいけないのです。誰かに依存せずに、みんなが経営者の意識を持って仕事に臨まなければいけません。組織の成長は、そのひとりひとりの「変革」の力の総和にかかっているわけです。

□社員の変革を実現できるのは唯一、「仕組み」

もちろん、「変革を起こせ」「ひとりひとりが経営者の意識を持て」とただ叫んだところで、あまり実効力は上がらないでしょう。そこで、実践させるのに必要になるのが仕組みです。

まず、目標を高く設定します。

たとえば、柳井さんは「グローバルでナンバーワンのアパレルブランドになる」とよく宣言しています。今はスペインのインディテックス（ZARA）、スウェーデンのH&Mヘネス・アンド・マウリッツ（H&M）に続いて3位です。単純に売り上げだけで比較するとインディテックスはユニクロの約2倍で5兆円以上の売り上げがあります。正直、少し遠いですね。まさに大きな変革を起こさないと届かない距離感といえます。

ここで有効になるのが**「3倍の法則」**です。これは第3章で詳しくお伝えしますが、ユニクロはイノベーションをドライブするために一定の目標達成が見えてきた段階で、現状の3倍程度の高い目標を掲げ、その実現のために10年がかりでのイノベーションをテコにした変革を果たしてきています。

過去の成功体験のしがらみにとらわれることなく、さらなる成長を目指すのです。2023年度の売上高は約2・7兆円ですが、3兆円が視野に入ってきたところで、柳井さんは2023年に第4の創業・10兆円構想をぶち上げました。壮大な目標に映るかもしれませんが、この壮大な目標が変革には効果的です。

人間は現状維持で満足しがちです。企業で働いていて目標を立てるとしても、現状を少し改善した程度になりがちです。前年度の取り組みを効率的に回して、前年度比で数%でも伸ばせば評価される企業が大半です。ただ、それでは持続的な成長にはつながりません。

たとえば、「3兆円を3・5兆円にしなさい」と言われたら、今の延長線上で達成可能に思う人が大半ではないでしょうか。

一方で、「3兆円を10兆円にしなさい」となると、根本的に考え方を変えないと絶対に実現が難しいと考えるはずです。ちょっとした改善策では不可能だと誰もが感じます。

このマインドチェンジこそが狙いです。目標が壮大であれば、現状に満足することなく、試行錯誤する方向に意識が傾きます。自ずと、大胆なアクションを計画して試み、変革を起こす可能性も高まるというわけです。

これは米国のグーグルの「10X（テンエックス）思考」に似ています。

これは社員にゼロベースでの思考を促すために、現状の数値に「0」を1つ足した目標（＝10倍）を実現するにはどうやるかを考えさせる仕組みです。もちろん10倍の数値がそのまま目標となるわけではありませんが、「経路依存性」ともいわれる過去の成功体験に縛られないアウト・オブ・ボックスの発想を行うためには常識では、考えられない高い目標を掲げることが有効です。

人間は環境に左右される生き物です。そうせざるを得ない状況に身を置けば、意識は変わります。

高い目標を掲げることでそうした環境を整え、ひとりひとりが変革を起こす仕組みをつくっているのです。その仕組みが、グループ全体を底上げして、ユニクロの急速かつ持続的な成長を支えています。

大勢を一気に変えられるのは「仕組み」だけ

□スタッフひとりひとりまで変える「究極の個店経営」

大きな成長を遂げようと思ったら、組織のメンバー全員に変わってもらうしかありません。ひとりひとりに変革の意識を持ってもらうしかないのです。

ただ、当然ですが、これは簡単ではありません。数十人の会社でも難しいはずです。それどころか、自分が所属している部署やチームの5人、10人を変えるのもハードルは低くありません。ですから、数千人、数万人、数十万人の組織になればなおさらです。

人を変えるには確かに熱意は重要です。ただ、大きな規模の組織になれば、メンバーひとりひとりに訴えかけて、個別に変わってもらおうとするのは現実的ではありません。

そもそも熱意は必要ですが、熱意だけでは人は変えられません。数十万人のメンバーを一気に変えられるのは、「仕組み」しかないのです。そして、ユニクロで世界中の店舗スタッフひとりひとりまで変える仕組みが、**「究極の個店経営」**です。

近年、小売業では、消費者のニーズが非常に多様化しています。同じ性別で同じ年代のお客さまが対象でも、地域ごと、店舗ごとに全く売れ筋が違うことも珍しくありません。

本社からの指示をただただ実行しているだけでは、ニーズを十分にとらえ切れないのです。メンバーひとりひとりが変革を意識する重要性は業態としても必要になっているわけです。

確かに、かつては違いました。店舗スタッフはそこまで考える必要はありませんでした。チェーンストアとして目標を掲げて号令をかけ、それを各地域、店舗で実行することで変革が起き、均質なオペレーションが生み出されていました。

　このチェーンストア経営によりユニクロは順調に成長をとげていました。しかし、一方で、「これは本当にお客さまのためなのか」という議論がありました。全世界で均質のサービスは不可欠ですが、東京に限定しても、都心の店舗と郊外の店舗で同じものが求められているのかと考えると、やはり違いました。都心と地方でしたらなおさらですね。生活スタイルも違えば気候も違うわけですから、当たり前です。

　そこでつくった新しい仕組みが２０１４年3月に打ち出された「究極の個店経営」です。全世界共通のチェーンストアオペレーションの土台の強みを生かしつつも、各店舗が地域に根ざして地域のお客さまに愛される一番店を目指します。ほかのどこにもない「個店」をつくるのです。

　少子高齢化の成熟市場日本で店舗数を拡大するのが現実的でない中、売り上げを伸ばすには一店舗当たりの売り上げを伸ばすしかありません。そのためには、地域ごとのニーズを深掘りした店に変えていかないと、お客さまの本当の意味での支持を得られない危機感がありました。

□「究極の個店経営」の主役は店舗スタッフ

柳井さんは、**「究極の個店経営」の主役は店舗スタッフ**と位置づけています。

地域に根ざした店舗を目指すとなると、店長のみならずスタッフひとりひとりが地域に深く入り込まなければいけません。ただ本部から言われたことをきっちり実行するだけでは実現できないからです。

自分の頭で「より地域に合った売り場とは何か」「お客さまの期待に応える、あるいはそれを超えるためにはどんなことをするべきか」を経営者のマインドを持って考えなければいけません。

自分の働いている地域に合わせて、考える。究極の個店経営とは単なるお店の売り場の方針転換ではなく、働いている人たちに変革を促す、マインドを変化させる仕組みなのです。

もちろん、会社として方針を大きく転換させて、「これからは自分で究極の個店を目指してください」と言われてもそれですぐに実行に移せるわけではありません。戸惑う人も少なくないでしょう。

そもそも「個店経営」自体は珍しい発想ではありません。

コンビニや総合スーパー（GMS）の一部にも2010年代中ごろから「個店経営」を目指す動きがありました。本部主導で、標準化された店舗を多店舗展開し、企業として成長を図る——そうしたチェーンストアの考え方をベースにしながらも店舗の役割を重視した組織運営を目指しています。

本部は企画立案機能を担って店舗がそれを実行する役割を担いますが、店舗は本部の指示通りにひたすら実行するのではなく、あくまでも店舗それぞれの商圏や顧客の特性、競合状況などに応じて、店舗ごとに動的に品ぞろえや売り場づくりを行う。ユニクロの「究極の個店経営」と重なります。

ただ、私の目にはGMSが個店経営をうまく実践できているようには映りません。既存の多くの店舗を大上段の方針（仕組み）を変えただけでガラッと一変させるのは簡単ではないからです。

ユニクロが特筆すべきは、「究極の個店経営」を実践するためにいくつかの仕組みを用意して、うまく機能させているところにあります。

ユニクロが体制を一気に変えられた理由は、スタッフの教育の仕組みと雇用の仕組みを見直したところにあります。

店舗スタッフの教育はそれまでは店長に一任されていました。本部はノータッチで完全に店長任せなので、当然、教育にはバラつきが生まれます。教育に熱心な店長もいれば、ほとんど関心を示さない店長もいます。熱心でも教え方や内容は千差万別です。

そもそも、店舗スタッフは店長に言われたことを忠実にこなすことが仕事で、自分で考えることは求められていませんでした。店長が最前線である売り場に立ち、指揮官として、本部とコミュニケーションをとり、知恵を絞る。その施策を忠実に履行するのが店舗スタッフの役割でした。本部としても、スタッフ教育にそれほどコストをかける必要もなかったわけです。

「究極の個店経営」になっても組織図は一見変わりません。本部があって、店舗があります。スーパーバイザーやブロックリーダーと呼ばれる本部社員が、各店舗を支援する体制も変わりません。

ですが、誰が「主役」となり、どこを向いて働くのかが変わります。地域にいる店舗スタッフならではの独自の発想で、地域の顧客を呼び込み、その心をつかむことが成長のエンジンになります。

当然、店舗スタッフにしてみればマインドも行動も180度変わることになりますが、そうしたマインドや行動を教えられる店長はあまり多くいません。これまで現場教育に会社としてそこまで力を入れてこなかったのでこれは当然です。

そこで、現場に任せ切りにするのをやめて、本部で仕組みをつくることになったのです。

□「ユニクロの理念」を浸透させる

まず、私たちが何をしたかというと「ユニクロの理念」を理解してもらうように努めました。「企業として何をやろうとしているか、その背景にはどうした考えがあるのか」を理解してもらえないと、スタッフの人たちの行動を変えられないからです。人は「Ｗｈａｔ」だけでは動きません。重要なのは「Ｗｈｙ」です。

地域ごとに店舗スタッフを集めて、企業の方針を理解してもらうためのダイレクトミーティングを開催しました。

ユニクロが「店舗スタッフを主役にした地域に根ざした個店経営」をなぜ目指しているかや、企業としての理念を伝えました。その上でユニクロの店舗で働く意味を考えてもらい、ユニクロの理念を「自分事化」してもらうことで、ひとりひとりに経営者マインドを根づかせるように試みました。

もちろん、スタッフだけ変わっても店長が旧態依然の考え方では成果は上がりません。店長は店長だけで集めて、「究極の個店経営」の考え方、つまりスタッフが主役の店づくりの意味を理解してもらいました。

それから各店舗で具体的に店舗スタッフを主役にした店舗経営をどのようにしていくかの試行錯誤が始まりました。

大きな試みのひとつが、「部門担当制」です。地域のことを一番よく知っている店舗スタッフにある特定部門（たとえばウィメンズのアウター）を担当してもらい、商品構成、売り場づくりを含めその商品群の経営を任せることでした。店舗の特定部門とはいえ、そこに関してはスタッフがひとりの経営者として行動することを求めたのです。

本部がいろいろ言うと押しつけになってしまうので、あくまでもスタッフ本人に行動してもらいました。店長は店舗スタッフの自律性を重んじながら店舗スタッフの成功を後押しする支援をしてもらいました。

当然、スタッフはこれまでと全く違う動きになります。

ユニクロの店舗は「在庫を切らさない」が大原則としてあります。これは簡単に思われるかもしれませんがかなりハードルが高い仕事です。

「在庫を切らさない」を重視して、どのような商品でも大量に発注していたら、売れ残りの山になってしまいます。

ニーズを先読みしながら在庫の強弱をうまくつけて販売計画を考える。そこからひとりのスタッフが責任を持って判断しなければいけないのです。

もちろん過去のデータを分析するなど、これまでの延長線上で判断できる部分もありますが、それだけだと機会損失を防げません。過去のデータからＡＩがベースになる販売計画は出してくれますが、ＡＩはデータにもともとない状況には対応できませんので味つけが必要になります。既存のデータだけでは「本当はお客さまが欲しているのに、商品がないから呼び込めていない」状況は防げないのです。

ひとりひとりのスタッフの役割は、自分の担当分野でそうした機会損失を最小限にしながら、売り上げや利益を最大化することになります。カバーする範囲は小さいにしても、やっている仕事はまさに経営者の仕事そのものです。

スタッフは、それまでは店長に言われるがままに機械的に仕事をこなしていただけだったので大きな変化を求められますが、ものすごく特別なことを求められるわけでもありません。

重要なのは考えられるか、想像力を発揮できるかどうかです。どんなお客さまにこの店舗に来ていただけているのか、なぜこの店に来ていただけるのか、シーズンごとにどんなニーズを持っているのかを、自分で考えてみる、想像してみるのがファーストステップになります。お客さまのニーズを自分なりに考えてみます。

たとえば、「来週はこの地域では運動会が多いから、運動会に参加する保護者用のニーズを取り込む品ぞろえにしてみよう」と仮説を立てて動いてみます。もちろん、店全体での陳列や見せ方もあるので、店長も交えてそこは調整、修正します。

□社員全員が「経営者マインド」を持つ

ユニクロがすごいのは、一度仮説を立てて実行すると、ひたすらトライアンドエラーを繰り返し高度化できることです。これも仕組み化されています。

第4章でもお伝えしますが、毎週月曜日に全社や店舗ごとの前週の売り上げ実績が出ます。思っていたより売れなかった商品や他の店で売れている商品などが目に見える形で明らかになりますので、それらを参考に自分の売り場づくりにフィードバックして修正します。

仮説、実行、改善を繰り返すことで、知見がたまって、好循環のサイクルを自分で回せる店舗スタッフが明らかに増えます。自ずとスタッフひとりひとりの経営者マインドも育ちます。スタッフが次の課題を自分で見つけ、それをどんどん解決して、より大きな成果が出るようになります。成果が出ればそれはスタッフの大きな自信となり、モチベーションも上がります。ひとりひとりが育てば、店舗全体も成長するのです。

その結果、地域のイベントと連動しながら、欲しいときに欲しいものがあり、買い物がしやすい売り場を生み出せるようになりました。お客さま満足の向上とともに、店舗スタッフも変わったのです。

言われたことを受け身でやるのではなく、自律的に考え行動するようになり、モチベーションが上がったり、やりがいを感じたりする人も増えました。うまくいっている店舗の事例は全社で共有され、学び合うことでさらなる質の向上にもつながりました。

おそらく、みなさんの中には「店長ならばともかく、店舗スタッフにしてみれば、『経営者マインドを持て』と言われるのは重荷では」と感じた人もいるかもしれません。

確かに、「究極の個店経営」は店舗スタッフが主役です。スタッフが主役といっても、スタッフにやる気がなければ実現しません。これまでお伝えしましたように、教育の仕組みなどで、モチベーションが高まり自律的に取り組んでいる人もいますが、一方で腰掛け的に働いている人がいないともいえません。「社員でない人にそこまで求めるのか」という声もあるでしょう。

社員ですら働くモチベーションはさまざまです。お金のための人もいれば、自分の夢のための人、スキルアップのための人もいるでしょう。非正規の方ならばさらに多様かもしれません。

もちろん、働くことを通じて自分の夢や理想を実現することが最も大切ですが、同時にユニクロの理念を「自分事化」してくれることが個人と組織が結びつきながら両輪で成長するには不可欠です。そのためにも「仕組み」が重要になります。

そのわかりやすい仕組みが教育であり、雇用体系です。店舗スタッフの正社員化を進めたのです。

これまで非正規雇用が大半だった店舗スタッフを、「地域（リージョナル）社員」

として正社員化する試みです。

具体的には2014年に日本のユニクロの店舗スタッフ1万6000人を地域社員に2〜3年で転換し、正社員を当時の3400人から約6倍の2万人に増やすという構想です。


地域に根ざした経営をするには、本当にお客さまと向き合う人でないとできない、正社員化によってコミットを高めたいと判断したわけです。

そのためには、待遇を高めて、人材の流出を防がなければいけません。すでにその時点で、少子高齢化で将来的に人材確保が難しくなるのは自明でした。当然、短期的には企業としてのコストは大きく増えますが、長期で考えれば、人材確保、採用・教育コストの抑制になり、メリットが上回ります。

この正社員の登用拡大によって、店舗のチームとしての一体感は非常に強まりました。

やる気のあるスタッフにしてみれば自分の担当する部門で「経営者」として、大きなやりがいを持ちながら、自らのキャリアの未来も開けます。

スタッフひとりひとりの心に火をつける効果は、非常に大きいものがありました。店長の「自分はこんな店にしたいんです！」という志と、店舗スタッフの「自分は（担当部門を）こんな売り場にしたいんです！」という志が、共鳴し合いながら、究極の個店経営実現のための「最強のチーム」がつくられる土壌が整ったのです。

「スタッフのモチベーション向上」というとどうしても精神論になりがちです。個別に相談に乗ったり、対応したりして解決する空気がまだありますが、一気に変えられるのは「仕組み」です。

そして、チームや組織の規模が大きくなればなるほど、「仕組み化」の効果もまた大きくなります。

数万人を一気に変える「ユニクロの仕組み化」

□【ユニクロの仕組みの柱①】グローバルワン

ここまででもユニクロがいかに「仕組み」によって成り立っていて、運営されているかは理解できたと思います。「仕組み」が組織を大きく変え、成長・企業価値創出エンジンになってきたといっても言い過ぎではありません。本書では次章以降でユニクロの大小含めた仕組みを深掘りしていきます。ここでは全ての仕組みの土台となる考え方を改めて紹介します。

ユニクロの基本となる仕組みは繰り返しになりますが、**「グローバルワン・全員経営」**です。これはユニクロの強さを語る上では不可欠な「仕組み」です。

まず、グローバルワンの「仕組み」です。

ユニクロは２００６年にグローバル化を宣言しました。アジア、北米、欧州、オーストラリアで業績は大きく伸び、23年８月期の海外売上高は約１・４兆円、本業の儲けを示す営業利益は約２０００億円になっています。これは10年前と比べて、それぞれ約６倍、約12倍と大きく成長しています。

もちろん、ひとりひとりが必死に取り組んだ結果ですが、がむしゃらに事業を拡大した結果ではありません。「仕組み」の効果が大きいのです。

海外人材もただ優秀な人材を採用して配置するだけではなく、「仕組み」をつくって、人材を採用、教育しています。

ユニクロの理念や原理原則を活用することで、グローバルでぶれない企業文化を構築し、人材に厚みを持たせることができています。

店舗オペレーションの原理原則も「仕組み化」していて、環境変化にすぐ対応できるようなプラットフォームが社内にできあがっています。

世界中の全店舗の販売状況や在庫状況、お客さまの声を分析した情報などをいつでもどこからでも確認できます。これらのデータは365日24時間共有されていますので、国や地域、店舗ごとに常に戦略を見直し、修正する柔軟な体制につながっています。

グローバル化が進めば進むほど、企業全体で判断して意思決定する場面は増えます。ただ、当然ですが、限られた数の幹部社員が全世界に指示することは不可能です。いくら優れたリーダーでも、ひとりでできることには限りがあります。ひとりに頼らず、現場の知恵を生かしながら、全員で最も良い方法を見つけて実行する方が現実的です。

むしろ、そうした「仕組み」を社内に持っていない企業は、世界市場では決して勝てません。「全員で経営を行う組織」＝「全員経営」が必須になります。

ひとりひとりが経営者マインドを持ち、ひとりひとりが自営業者のように主体的に自律して働く、自分で考えて結論を出し、自分で実行する。そうした姿勢が欠かせません。

□【ユニクロの仕組みの柱②】全員経営

こうした意識から、ユニクロは2009年のスローガンに「グローバルワン」と同時に、「全員経営」の文言を盛り込んでいます。この2つはセットであり、今もユニクロの仕組みの土台になっています。14年に打ち出した「究極の個店経営」も「全員経営」の延長線上にあります。

「全員で考えるなんて無理がある」「現場の人はそんな意識は希薄」という意見は常にありますが、柳井さんは「山口県宇部市から世界的なファッション企業が出ると誰が思ったか。誰も想像できないことを僕ができたのだから、あなたもできる」とよく言っていました。

本気で勇気を出して挑戦しないからできないだけで、失敗してもいいと考えて諦めずに実行したらいつかはできる、無理だと思わずにやってみろということです。

柳井さんは志を自らの言葉で語り続けることで、求心力を高め、リーダーシップを発揮し続けてきました。

志を達成するために、ミッション＝使命、ビジョン＝どうありたいか、アイデンティティ＝存在意義を明確に掲げることで、賛同する人々の集合体としての会社をつくろうとしていました。これもひとつの「仕組み」です。

ただ、ビジョンが明確であればあるほど、賛同しない人も当然出てきます。うまく「仕組み」にはまらない人たちです。読者のみなさんも、仕組み化を考える際にぶち当たる壁になるはずです。

結論からお伝えしますと、「仕組み」を組織にうまく定着させるには、完璧を目指さないことが重要です。ユニクロでも全員の心に無理やりにでも火をつけるような姿勢はとっていなかったというのが私の解釈です。

「全員経営」を掲げていても、ひとりも漏らさずに働く人すべてを意識づけるのは無理です。小規模の組織だと全員に機能する「仕組み」を求めがちですが、これも現実的ではないのです。

北海道大学の動物生態学者の長谷川英祐氏が提唱した「働きアリの法則」をご存じでしょうか？　働きアリの集団を観察していると、働き者が２割、普通が６割、怠け者が２割いて、たとえ働き者のアリだけ、怠け者のアリだけを集めても、また２対６対２に分かれるという法則です。

人間の集団においても全体の２割の人間が意欲的に働き（自燃性人材）、６割が普通に働き（可燃性人材）、残りの２割が怠け者（不燃性人材）になる傾向があります。ユニクロも例外ではありませんし、１００人の組織でも50人の組織でも、この法則は当てはまります。

確かに、「仕組み」を定着させて効果を最大化させるには全員の心に火をつけられるのがベストです。ただ、「働き者」の割合を増やすのは簡単ではありませんし、資源も時間も限りがあります。仕組みを定着させるには、「普通（可燃性人材）」の6割のボリュームゾーンの人たちにいかに変わってもらうかに注力することが鍵となります。

もちろん、「怠け者」の2割の人にも働きかけますが、強く働きかけたところで、なかなか変化は見られません。一方、「働き者」の2割はこちらから強く働きかけなくても自発的に動いてくれる特性があります。自発的に新しい提案や変革を起こしてくれます。

ですから、この「働き者」の2割にはこちらから何かを働きかけるのではなく、一緒に「普通」の6割の人たちをいかに変えるかの仕組みを考えてもらっていました。

ユニクロの例からも明らかなように、ビジネスの根幹は「仕組み」です。いかに「仕組み化」して、特定のリーダーに依存しない枠組みをつくるかが、マネージャー以上の人の仕事です。組織の大小を問わず、「仕組み化」こそが全てです。

働いている人が多くなればなるほど「仕組み」の効果は発揮されます。

ただ、多くなればなるほど巻き込むのが難しくもなります。「仕組み」をつくったところで、誰も乗ってこなければ意味はありませんが、現実的に全員を巻き込むのは至難の業です。

経営資源が限られた中で「仕組み」を最大化するには「普通」の6割の人にいかに働きかけるか、そして変えられるか。そこに注力するのが大きなポイントになります。

□常に仕組みをアップグレードしていく

最後に、「仕組み化」のワナについて話をしたいと思います。仕組みはいったんつくるとそれを保とうとする力が働きます。「成功の復讐」という言葉を何度か使いましたが、仕組みが良い仕組みであればあるほど、それを守ろうとします。環境はVUCAといわれるほど予見不可能に大きく変わっていきます。ダイナミックに環境に適合を図るには、環境変化を察知し、仕組みを常にアップグレードする（あるいは仕組みをぶっ壊す）ことをやっていかねばなりません。「CHANGE OR DIE」のユニクロだからこそ「成功の復讐」のワナに陥らず、仕組みを環境変化に応じてアップグレードできているわけです。

第 1 章

「生産性」を上げる仕組み

「行動」を促す中間概念としての〝原理原則〟

「経営理念」は抽象的すぎ、「マニュアル」は具体的すぎる

□経営理念は「自分事化」する仕組みがなければ意味がない

企業には経営理念や企業理念があります。最近はパーパス経営ブームで、パーパス（存在意義）を経営理念体系に組み込んでいる企業も多いです。みなさんが知っている会社のホームページを見れば、必ず載っているはずです。

たとえば、パナソニックでしたら「産業人たるの本分に徹し社会生活の改善と向上を図り世界文化の進展に寄与せんことを期す」、日立製作所でしたら「優れた自主技術・製品の開発を通じて社会に貢献する」、本田技研工業（ホンダ）でしたら「人間

尊重　自立、平等、信頼　三つの喜び　買う喜び、売る喜び、創る喜び」となっています。

私がクールだと思うのは、ソニーの「クリエイティビティとテクノロジーの力で世界を感動で満たす」というパーパスです。

大企業だけでなく中小企業にもあります。企業の新旧、大小を問わずあり、全ての会社にあるといっても言いすぎではありません。

なぜかというと、経営理念は会社の存在意義と目指す方向性を確認するため、会社のベクトル合わせに最も重要な役割を果たす、いわば北極星のようなものだからです。

考えてみれば、企業とはすごい組織です。生まれも育ちも違う人たちが集っています。一昔前は日本人というくくりがありましたが、最近は人種も多様です。そうした多様な人たちが働くわけですから、共通の軸や北極星が必要になります。

多様な人たちが働いているわけですから、想定外のことも起きます。そうした場合に立ち戻る原点のようなものも必要になります。その原点であり、北極星になるのが経営理念です。

ですから、経営理念なくして企業経営は成り立たないのです。朝礼などで、全員で経営理念を唱和する会社も少なくありません（最近は少なくなってきたようですが）。

ただ、どうでしょうか。経営理念の重要性をみなさんも認識はしているでしょうが、実際に経営理念に基づいて毎日働いているでしょうか。

自分が働いている企業の経営理念をそらんじることができても、経営理念の意味を深く考え、日々の仕事の中で経営理念を実践できているか？と問われたら答えに窮する人が多いのではないでしょうか。

「そうは言われても、経営理念を意識して働くなんて無理があるでしょ」「そんなこと全く想像できないんだけど」という声が聞こえてきそうですが、これはかなり問題があります。

何にベクトルを合わせるのかわからないまま、わけもわからずにただただ働いていては、個人としても組織としても成長がありません。目的地を定めず、航海図も持たないまま港を出るようなものです。

とはいえ、みなさんが悪いわけではありません。

まず、経営理念は非常に重要ですが、ただ読むだけでは理解できない場合もあります。その背景やどういった思いが込められているかまで踏み込まなければ意味がありませんが、なかなかそうした機会に恵まれない組織もあるでしょう。

また、そこまで踏み込んでも、日常の業務に落とし込み、「自分事化」するのは簡単ではありません。言葉は悪いですが、経営理念は経営陣を除けば、多くの働く人にとって少し遠い存在なのです。「神棚に祀られている」という表現を使うクライアントもいました。

会社の根っこの大切な部分なのはわかっていても、それを理解したところで、「自分は日々、何をすればよいのか、どこを向いて働けばいいのか」が見えてきません。

経営理念を「自分事化」するための「仕組み」が必要なのですが、多くの会社ではこの「仕組み」がありません。

これが経営理念が形骸化しがちな理由ですが、ユニクロには理念を実践につなげて生産性を高める「仕組み」があります。

□ユニクロの「ステートメント」「ミッション」「価値観」

ユニクロは理念の会社といえます。何のために働くのか、会社としてどこに向かうかを非常に重視しています。働く人にもそれを入社時から強烈に意識させます。

たとえば、経営理念とは別に、ステートメント、ミッション、価値観を定義しています。

ステートメント

服を変え、常識を変え、世界を変えていく

ミッション

・本当に良い服、今までにない新しい価値を持つ服を創造し、世界中のあらゆる人々に、良い服を着る喜び、幸せ、満足を提供します
・独自の企業活動を通じて人々の暮らしの充実に貢献し、社会との調和ある発展を目指します

私たちの価値観

・お客様の立場に立脚
・革新と挑戦
・個の尊重、会社と個人の成長
・正しさへのこだわり

こうした枠組みの土台になっているのが「経営理念23カ条」です。ユニクロの前身の小郡商事時代に17条までつくられ、それ以降、年を追うごとに増えて23カ条になりました。

「23カ条」については第2章で詳しくお伝えしますが、これをもとに「全員経営」を実現するための**「原理原則」**がつくられました。

「23カ条」は小郡商事時代からあることからもわかるように、会社としての基本方針、考え方を示した内容になっています。

たとえば、「顧客の要望に応え、顧客を創造する経営」（第1条）、「良いアイデアを実行し、世の中を動かし、社会を変革し、社会に貢献する経営」（第2条）に始まり、「人種、国籍、年齢、男女等あらゆる差別をなくす経営」（第21条）のように、最近の経営環境に対応した内容も含まれます。

ユニクロでは非常に重要とされている「23カ条」ですが、やはりこれを唱えるだけで日々の業務に生かそうとしても、そのハードルは低くありません。もちろん、一を聞いて十を知るという言葉がある通り、一部の社員は自分で理解を深め、「自分事化」して日々の業務で実践できるでしょう。

ただ、一部の社員だけが実践できても意味がありません。全員が「23カ条」を腹落ちし、実践に移すためには、理念と実践の間にかけ橋が必要になります。それが、**「原理原則」**になります。

経営理念とマニュアルをつなぐ「原理原則」の存在

□なぜ「原理原則」をつくったのか？

ユニクロは「原理原則」で動いている会社です。ここ10年ほどで多くの原理原則がつくられていて、部門ごとにも用意されています。

私が2012年に入社する前からあったのが「商品経営の原理原則」と「店舗経営の原理原則」と「人事の原理原則」です。どういう商品をつくるか、どう売るのか、店舗をどう運営するのか、どう人材マネジメントを行うのかの原理原則です。

その後、経営者・人材育成機関（ＦＲＭＩＣ）担当執行役員として、ＦＲＭＩＣの仲間と議論を重ねるうちに「（経営理念と働いている人をつなぐ）中間概念としての原理原則がもっと必要ですね」ということで、まずは率先垂範で教育の原理原則をつくろうという話になり、グローバル各地域のＦＲＭＩＣの仲間たちと討議を重ね、教育の原理原則をつくり上げました。当時の私の部下でその際に中核的役割を果たしてくれたのが、２０２３年に44歳の若さで事業会社ユニクロ・グローバルの社長に抜擢された塚越大介さんでした。

その後、ＦＲＭＩＣでの教育の原理原則の策定と実践の成果を踏まえ、従来各部門任せになっていた教育を抜本的に進化させるために、部門ごとの原理原則を各担当執行役員のリーダーシップのもとつくり、原理原則を経営理念実現につなぐためのツールとして位置づけ、各部門教育の根幹としました。

最近この原理原則をより店長の日々の行動に生かそうという観点から、原理原則を整理、共有して「仕組み化」を加速させています。２０２４年3月には「店はお客様のためにある―実践の原理原則―」という冊子がつくられました。「商売の原理原則」、「お客さまの原理原則」、「売り場の原理原則」、「仕事の原理原則」、「チームで働く原理原則」、「リーダーの原理原則」のように、既存の原理原則を再編集してまとめたものです。店長向けにつくられましたが、ユニクロで働く全ての人に配られています。

全体で300ページ弱程度の厚さです。持ち運びできるサイズで、働いている人が仕事で悩んだり、壁にぶち当たったりしたら、いつでも立ち戻れるバイブルのような存在です。

たとえば「商売の原理原則」には「最高の商売」についての原理原則があります。ユニクロの定義する最高の商売とは「一つの完成された商品だけを大量に売るような商売である」とあります。

そして、「今我々は多種多様な商品を売っているが、実はそれは決して最高の商売とはいえない」ともあります。

これはどういうことかというと、ひとつの品目の永続的な改善の重要性を訴えているのです。

たとえば、スキニージーンズならスキニージーンズをどんどん改善し、他社が追いつけないような品質まで高める。しかも、買いやすい価格で、毎年品質を良くする。商品開発を究極まで突き詰めれば、同じ商品でも常に完成度が上がるので、飽きられません。

そうした積み重ねが「定番」をつくりあげ、リピーターをがっちりとつかみます。わかりやすいのがヒートテックで、年間1億枚以上売れるモンスター級の定番商品です。しかも、「極暖」などのアップグレードバージョンの商品が継続的に投入されています。ここまでくると、お客さまの気持ちは「去年大量に買ったから今年はヒートテックは要らないね」とはなりません。「今年もそろそろヒートテックを買わないと」になります。

ユニクロはものすごい数の商品を扱っているからこそ、この原理原則が働く人にとって重要になります。

「一個の商品を良くしようというマインドを失わないように」というアンチテーゼの意味もあるでしょう。商品を企画開発する人からすれば、「あっちの商品を頑張るから、こっちの商品はこれくらいでいいか」と手を抜きたくなるときもあるはずです。一品一品に魂を込めることこそ、売れるものをつくる最適解だよという戒めにもなっているわけです。

みなさんの中には「原理原則って、業務のオペレーションを具体的にどうするかをあらわすものではないの？」と思われた人もいるはずです。経営理念を「自分事化」して日々の業務に生かすには、具体的なオペレーションの方法を示した方が効果的に映るかもしれません。

たとえば、返品にはどう対応するか、服の陳列をどうするか、クレームの際には何に気を付けるかなどです。

もちろん、こうした対応策も重要ですが、具体的に細かくどう動くかを示すのはマニュアルです。ユニクロにもマニュアルはもちろんありますが、原理原則とマニュアルは違います。原理原則にはオペレーションについては一切書かれていません。

□なぜ「マニュアル」だけではダメなのか？

では、なぜマニュアルだけではダメなのでしょうか。マニュアルがあれば、働いている人は何をすればよいかがわかります。トラブルの対応なども細かく書かれています。でも、マニュアルのみでは生産性は上がりません。

なぜならば、**マニュアルには「Ｗｈａｔ」とそれをどう実践するかの「Ｈｏｗ」しか書かれていないからです。「Ｗｈｙ」の答えが一切ありません。**

「何をするか」は書かれているのですが、「なぜやるか」が書かれていません。「なぜやるか」を示さずに「何をやるか」だけ書かれているのがマニュアルです（もちろん、「なぜやるか」について少しは触れているマニュアルはありますが、全ての行為について書かれていることはほとんどありません。マニュアルとして非常に使いにくくなるからです）。

会社の規模が小さければ、マニュアルだけでも十分かもしれません。経営者の目が全てのメンバーに行き届きますので、何か問題が起きたり、働いている人が疑問に思うことがあったりすれば、経営者自らマニュアルの意図を説明することもできます。ただ、組織が巨大化すると現実的には不可能です。「なぜやるか」を明示する必要が出てきます。

「なぜやるか」を示すことは、会社がその行為の背後にある考え方を示すことになります。働いている人は、根っこの考え方がわかれば応用できます。

WhyがなくてWhatとHowしか書かれていないと、そこに書いてあることを書いてあるままにしかできません。「マニュアル人間」という言葉がありますが、マニュアルに書いてあることだけをそのままやる人間を育てることになります。

想定されていることが起きたときに対応するのも大切な業務ですが、現実の経営は想定通りのことばかりではありません。むしろ、想定していない事態がほとんどです。困難に直面して「マニュアルにどう書かれているんだっけ」と探したところで、解は見当たりません。

たとえば、店舗のお客さま対応で予測していなかったことが起きたとします。通常の企業ではマニュアルで起きている状況に近いものを探し、マニュアルに則って対応しますが、うまくいかない場合がほとんどでしょう。

また、マニュアルに答えがないから、慌てて責任者に連絡して、自分の代わりに収束に向けて対応してもらうかもしれません。

ユニクロの場合はどちらでもありません。「全てはお客さまのために」という原理原則があるからです。お客さまを何よりも優先すべきと決まっているので、その視点でトラブルに対応する姿勢を貫けます。

マニュアルを拡大解釈して、現実をマニュアルに当てはめることで企業としての対応がぶれることもあります。原理原則があれば、マニュアルにとらわれずに、お客さまのためになることを実行できます。「上司に怒られる」「現場で勝手なことをしていいのだろうか」などと悩むことはありません。「このマニュアルに当てはめればいいのかな」などとマニュアルを探る必要もありません。

お客さまの属性はひとりひとり違います。お客さまに向き合えば向き合うほど、マニュアル通りの同じ対応というものは本来あり得ません。

もちろん、マニュアルを否定するわけではありません。最低限の均質のサービスを提供するにはマニュアルは有効です。ただ、最高のサービスを提供するには、マニュアルは弊害にもなります。

マニュアルに依存しすぎるのは危険です。働いている人は人間ですし、お客さまも人間です。機械的に対応するには限界があります。原理原則があれば、「なぜやるか」を理解できて、「自分が何をすべきか」も考えるようになります。

マニュアルに書いていないことに対応し、さらに良くするには、自分で考えるしかないからです。

生産性を本当の意味で高めるには、業務の本質、根本を理解しないといけませんが、その理解の指針となるのが原理原則ともいえるでしょう。みなさんはこれまで、仕事のルールと聞くとマニュアルを思い浮かべてきたかもしれませんが、ユニクロの仕事のルールは原理原則です。ルールを知らなければゲームには勝てません。

「企業の中には原理原則がなくてもマニュアルだけで生産性が高い企業はいくらでもあるのでは」との指摘があるかもしれません。

確かにそうした企業もありますし、強力なトップダウンでマニュアルに忠実に働くことで成長してきた企業もあります。

ユニクロもかつてはそうでしたし、小売り大手は本部の決めたことを店舗が忠実にこなすチェーンストアのビジネスモデルで拡大成長してきました。ただ、それはやはり一昔前の組織形態と言わざるを得ません。

序章でもお伝えしましたが、少子高齢化で大幅な需要増が見込めず、地方の開拓もほとんど終わった今となっては、ユニクロに限らず「全員経営」が遅かれ早かれ必ず求められるようになります。

ひとりひとりが自律的に考えて、問題を発見して、現場から改善する。こうした動きを起こそうとすればマニュアルには限界があるのです。マニュアルで多くのことを決めれば決めるほど、働く人は考えなくなるからです。

経営理念はときに哲学的だったり、抽象的だったりします。経営理念だけでは現場の行動にはつながりにくいのが現実です。抽象度を落としつつもマニュアルのように行動をかっちりと規定しない中間の仕組みが必要になるのです。理念を現場に落とし込む「仕組み」です。

それが原理原則です。原理原則をつくって機能させることができるかが、企業の生産性を大きく左右するのです。

ユニクロの原理原則の具体例

ユニクロは原理原則の会社です。おそらくみなさんが思っている以上に、原理原則が貫かれています。

象徴的なのがユニクロの本社です。かつて本社のオフィスの壁は何十ものスローガンで埋め尽くされていました。「泳げない奴は沈めばいい」「業界は過去、顧客は未来である」「会社とは4000種の分析の集合である」「市場のおいしいところだけを食べる」……。

ユニクロにはどのような原理原則があるのかをここでは詳しく見ていきます。

□①「店舗経営の原理原則」

「店舗経営の原理原則」は、店舗をどう運営するかの原理原則です。ここで最もベースにある考え方は「店は客のためにあり、店員とともに栄え、店主とともに滅ぶ」です。

これは柳井さんの社長室に飾られている原理原則です。何があってもユニクロにとって大事なのはお客さまであり、店で働いているひとりひとりがお客さまの満足を第一に動けば店は繁栄するけれども、できなければ滅ぶ。それは店長の責任であり、ユニクロの店長というのはそれくらい重要な役割を担っていますよという意味です。

重要なのは「店は客のためにあり」です。先ほども少し触れましたが、これがユニクロの一丁目一番地の考え方です。

「店はお客さまのためにある」とは小売り業界ではよく聞きますが、どこまでできているかは企業ごとに全く違います。個人商店のような小規模事業でしたら、お客さまファーストは実行できるでしょう。極論を語れば、店主が利益を度外視してお客さまにサービスすることも可能です（それが本当に顧客ファーストなのかは疑問ですが）。

ただ、会社が大規模になればなるほど、いろいろな関係が生まれます。株式上場すれば個人投資家や機関投資家、証券会社なども関係が深くなりますし、グローバルで展開すれば国を超えて地域や行政とのつきあいも生まれます。

こうした中、最近は、ステークホルダー（利害関係者）経営がもてはやされています。株主も従業員もお客さまもみんな大事ですと、利害関係者みんなに配慮した経営です。目に見える形では序列をつけません。

表立って「株主が一番大事です」「お客さまが最も大切です」とは言いづらいので、「結局、何が会社にとって大切なのか、どこを向いていいのか働いている人もよくわからない」状況に陥りかねません。

そうした中、ユニクロは原理原則で迷うことなく「お客さまです」と言い切っているわけです。

そして、顧客に最も接点があるのは店舗です。店舗スタッフ、店長を含め、現場での一番の根本の行動原理、原理原則は「店はお客さまのためにある」になります。お客さまの役に立たなかったら店や会社の存在意義はない、とまで言い切ります。ですから、存在意義にかけて、「どうやったらお客さまの役に立てるのか」を一途に考えます。

常にお客さま満足が出発点であり最終目標でもあります。その姿勢が、結果として会社の利益となって、商売に関わる全員が幸せになれるのです。

多くの企業は営利企業です。ボランティアではありません。儲けなければいけませんが儲けを追ってはいけません。儲けは全身全霊をかけてお客さまに喜んでいただいた先にあります。顧客満足の結果として利益がついてくるのです。これがユニクロの考えです。

海外セッションでよく話したのですが「儲」という漢字は信者と書きます（本当の語源は違うようですが）。だから、儲けることは信者を増やすことだ、と。お客さまに満足してもらって、信者になっていただく。それをひたすら繰り返した結果が儲けることになるのです。

「店舗経営の原理原則」の中では、ほかにもお客さまに関する原則があります。たとえば、「お客様の満足に自らの全存在をかける」「上司を見るな、お客様を見よ」などです。特に後者はわかりやすくも、働く上で大きな指針になるはずです。

「上司を見るな、お客様を見よ」の後には「常にお客様を見よ、柳井正を見るな、上司を見るな、全身全霊でお客様のことを知れ、真剣に社会と向き合え」と続きます。

「お客さまが大事です」と言われたところで、組織で働いている以上、評価が気になります。

評価を決めるのは上司ですから、上司の顔色をうかがってしまいがちです。ですから、ユニクロでは「上司を見るな」を原理原則にしているわけです。誰のために働いているか、それはお客さまのためであり、上司のためではありません。

だから、上司が何を言おうと、それがお客さまの不利益になるようなことだったら、耳を傾ける必要はない、闘えと鼓舞しているわけです。

原理原則を定めて「お客さまのため」の抽象度を少し下げることで、「自分事化」できます。通常のオペレーションでの軸ができます。軸ができれば、何かを現場でしようとしたときに上司の顔がチラついたり、柳井さんや役員が怖くて決断できなかったりはなくなります。

どんな場面でも、お客さま中心で考えて、そのためには何をすべきかの判断基準がクリアになります。

「店舗経営の原理原則」には、売り場のあり方も定義されています。この定義に則ればどのような観点で売り場をつくればいいかが見えてきます。

ユニクロにとって売り場とは、唯一の収益の実現場所として定義づけられています。だからといって、会社の合理性や会社の利益を考えて売り場をつくっていたら、お客さまには見抜かれます。売り場は自分たちが考えていることがそのまま映し出される鏡のようなものなのです。ですから、お客さまのための売り場になっているか、どんなお客さまにも満足してもらえるのか。そして、店舗のどのスタッフでもお客さまの要望に応えられるのか。これらを常に意識しろと、原理原則では説いています。

これは当然、簡単なことではありません。ただ、これらを実践していたら目線は自然と高くなり、売り上げも伴うようになったと多くの店長が言っていました。もちろん、店の立地やお客さまの属性で店の目指す形も変わりますので、マニュアルだけでは良い売り場はできません。自分たちで考えなければいけません。「マニュアルだけでは売り場はできない」とも原理原則に書かれており、非常にユニクロらしいといえるでしょう。

こうした原理原則があることで、お客さまに満足してもらえる売り場を現場の人たちがつくれているのです。

おそらく、みなさんは「ユニクロって、どこの店舗もキレイだな」という印象があるのではないでしょうか。お客さまを第一に考えて、売り場の原理原則を理解すれば、汚い店舗はあり得ません。売り場は自分たちの鏡と理解して実践できていれば、働く人の衛生意識も自ずと高まるからです。マニュアルで細かく指示するよりも清掃が行き届いた、お客さまが気持ちよく買い物できる売り場が実現します。

売り場の清潔さをユニクロの店舗では非常に重視しています。これは原理原則だけでなく対外的にも公表しています。

各店舗に掲示されているのですが、ユニクロにはお客さまとの3つの約束があります。

1. きれいな売り場にします。
2. 広告商品の品切れを防止します。
3. 30日以内は返品・交換します。

店舗の清潔さは最初に掲げていることからもわかるように、重要な約束になります。地域ごとに店舗を統括するスーパーバイザーやブロック長が店舗を訪れた際にはじめにチェックするのも清潔かどうかです。

ユニクロで働いている人に最近聞いたところでは、「店舗関係の原理原則」はさらに進化しているそうです。2024年3月につくられた冊子では、新しく「個店経営の実践」が書き加えられました。これまで何度かお伝えした「全員経営」や「個店経営をなぜやるか」についてわかりやすく書かれているようです。

本当にお客さまのためになる商売の実現には、従来のチェーンストア経営を超えた個店経営の実践が必要です。ひと口にユニクロの店舗といっても、店舗ひとつひとつの立地条件も違えば、お客さまの属性も違います。同じ店舗はひとつもありません。

ですから、全ての店舗でそこで働くスタッフひとりひとりが、考えに考え抜いて、個店ごとの最適の品ぞろえを実現し、地域のお客さまに本当に喜んでいただける店をつくらなければいけません。ユニクロがどれだけグローバル企業になってもそれは全く変わりません。個店経営の店が集まってグローバルに経営を展開していくのです。

ローカルに根づかない限り、世界に広がりません。世界中の全ての店舗が地域の人に役立てば、世界中で勝てる企業が自然にできあがります。これが個店経営を重視する本当の意味でもあります。

私が耳にした内容をまとめるとこうなりますが、ＷｈａｔだけではなくＷｈｙを明示することで、働いている人は、「自分の店舗を自分たちの手で最もお客様に喜んでもらえる地域の1番店を作り上げたい」という共通の目的とそれに挑む覚悟が醸成されます。

日本は少子高齢化の中で、人口が増えないので、市場も成熟化しています。チェーンストアの土台は必要ですが、その延長線上では伸びしろはあまりありません。その中で一店当たりの売り上げを増やそうと思ったら、地域の一チェーンストアではなく、個店経営をやるしかないわけです。地域に根ざして、今まで取りこぼしていたかもわからない需要を取り込むために、仕入れを柔軟に変える、そのためには何をすべきか考える姿勢が求められます。

「まだまだ地方に出店できるのでは」という声も聞こえてきそうですが、すでにマーケットポテンシャルの高いところには出店しているのが現状です。

日本国内のユニクロの店舗の立地を見渡しますと、まだ全国に空白地はあります。ただ、空白地だから出店すればいいというわけでもありません。周辺の人口や購買力を考えれば、すでに出店できるところには出店し尽くしています。

ユニクロの店舗数は右肩上がりで増えているような印象があるかもしれませんが、グローバル全体では増えているものの、国内は横ばいです。８００店程度で推移しています。

もちろん、新しい店はオープンしていますが、それは古くなった近くの店を閉鎖したり、実質はリニューアルも兼ねた移転だったりがほとんどです。店舗を増やすことは、もうすでに限界に来ています。

店の数を増やして全体で増やすのではなく、一店舗当たりの売り上げをどう上げるかに完全に焦点が移っています。

前述したように、これは小売業界の宿命です。総合スーパーやコンビニ業界でも個店経営の動きはあります。世の中全体が個店経営、全員経営に舵を切り始めています。実現できるかどうかはともかく、その方向にシフトしないと競争から取り残されてしまう危機感を、多くの企業の経営陣は抱いています。

ただ、その危機感から「個店経営をしろ」「全員で考えろ」と言ったところで効果は期待できません。それがなぜ必要かを「自分事化」できる原理原則の仕組みがユニクロのように必要になります。

□②「商品経営の原理原則」

「商品経営の原理原則」は簡単に語りますと「お客さまに尽くし、お客さまに愛されろ、そのためには手を抜くな」という原理原則です。ここではいくつかのエッセンスを紹介します。

先ほども言いましたが、ユニクロの考える「最高の商売」は「一つの完成された商品だけを大量に売るような商売である」と位置づけられています。

「ユニクロのようなチェーン店で買い物をするお客さまはリピーターが中心だ。つまり、過去にその商品を買ったことがあるお客さまに同じ商品を毎シーズン買っていただく。それが最も大切であり、不可欠であるということだ」ともあります。それくらい愛着を持ってもらえる、気に入ってもらえる商品づくりが欠かせないといっているわけです。

「お客さまがひとたびある商品を手にし、あるサービスを体験したら、それが当たり前の基準になる。次からはそれ以上のものを求める。そこで懸命に工夫して、お客さまの期待以上のものを提供する。その繰り返しに応えていくのが商売だ。そのサイクルは厳しいものだが、その繰り返しがあるから我々は成長できる。常にお客さまに寄り添い、最高の商品をつくり出し、最高の商売をしなければならない」

リピーターになってもらえるのは企業にとっては喜ばしいことです。一方、毎年買っていれば、お客さまの求める水準も高くなります。商品をつくる上ではそのお客さまの期待を超える商品をつくり続けなくてはいけません。

アパレル業界では定番商品をマイナーチェンジして、「昔の方が良かった……」とお客さまをがっかりさせる事例が少なくありません。がっかりしたお客さまはその商品を二度と手にとってはくれないでしょう。そうした状況を防ぐためにも「自分たちで自分たちを更新し続ける」必要性を訴えています。

アパレル業界では市場のニーズを先読みして（もしくは自分たちで話題を仕掛けて）、トレンドの商品をシーズンごとに市場投入する会社がほとんどです。

もちろん、ユニクロもトレンドを重視していますが、商品づくりの根っこにある、商品をつくる原理原則は全然違うことがわかるはずです。こうした原理原則がはっきりとあることで、市場動向に振り回されることなく、愛され続ける商品をつくり続けられるのです。

□③「教育の原理原則」

私が担当していた教育部門にも原理原則があります。人材を育成するための原理原則です。私の入社時にはありませんでしたが、各部門で原理原則を整備する一環で、グローバルのＦＲＭＩＣの仲間と議論を重ね自らつくりました。

この原理原則は大きく3つに分けられます。

1つ目は、**「現場と一緒になって、現場の課題解決に資する」**です。ユニクロは店舗が主役です。現場に課題の全てが詰まっています。座学だけでは限界があるので、本部も現場とともに考えることこそ、教育の本質になります。この原理原則は非常に大切にしていました。

2つ目は、**「『全員経営』の考え方に基づいて、ひとりひとりが経営者マインドを持った人を育成する」**です。

私が何度も強調してきましたので、「ユニクロといえば全員経営」とみなさんも理解されてきたころかと思います。ただ、「全員経営」を掲げているだけでは実現できませんので教育では実践のための仕組みを用意します。店舗スタッフから経営者（ユニクロの経営者はせまい意味では執行役員以上です）に至るまで、全階層で全員経営を実現するためには、「教育部門こそ常に全員経営を意識せよ」という原理原則です。

最後の1つは**「グローバルでよい取り組みの事例（ベストプラクティス）を共有して、グローバルで首尾一貫した高品質の教育を実践する」**になります。

教育の原理原則は私が責任者を務めていたからというだけでなく、ユニクロの根幹をなすものでもありますので、詳しくお伝えします。

まず、「現場と一緒になって、現場の課題解決に資する」です。

一昔前の教育部門は研修のプログラムをつくって、実施することが仕事と見なされていました。今でもそういう会社は少なくないでしょうし、ユニクロも昔はそうでした。

今のユニクロはかなりユニークな考え方をしていて、座学研修にそこまで重きを置いていません。現場の課題解決に役立ってこそ教育なのではないかという考えが浸透しています。

現場の課題解決は、もともとは、私たち教育部門が集合研修的なことを企画・運営するだけではなく、教育部門のメンバーでそれぞれ担当する地域を決めて、定期的に現場を訪問することから始まりました。担当役員ブロック長や、スーパーバイザー、店長と話して、店舗の課題を洗い出し、解決しながら、人材育成につなげていました。それを原理原則に落とし込んだ形です。

もちろん、教育部門でできることは限られています。当初私が責任者を務めていたFRMICはたったの3人でした（最終的には100人以上になります）。

成果が目に見えてきたこともあり、全店で取り組める仕組み化を行い、店舗課題解決ダイレクトミーティングという形にして、繁忙期を除いて月に1回日本中の店長に集まってもらい、ブロック毎に本部の役員や部長、課長にも参加してもらって、各店長の課題をその場で解決できる体制を整えました。

こうした「現実の課題」→「解決」の場数を踏むことが店長の何よりの教育になったのです。

ユニクロでは本部の位置づけは組織ピラミッドの下辺です。本部と聞くと三角形のピラミッドの最上部に位置するイメージを抱きがちですが、上ではなく、下で支えるのが本部です。本部のことをユニクロではSSC（Store Support Center）と呼んでいますが、〝お偉いさん〟ではなく真に店舗を支援する存在になろうとしています。「お店は主役」は見せかけのポーズではなく、企業の仕組みが本当にそうなっているのです。

現場に入り込んで解決する課題はオペレーションだけではありません。モチベーションをいかに高めるかも大きな課題です。社員の心に火をつけるのも、教育部門の重要なミッションでした。

みなさんの会社の部署やチームにも、常に斜に構えていたり、やる気がなかったりする社員はいるはずです。

ただ、こうした人が店舗レベルでひとりでもいると、一体感は大きく損なわれます。ですから、そうした店舗に出向いては、店長も店舗スタッフも交えて本音で語り合って、全て吐き出してもらう場を設けていました。

もちろん、吐き出しただけでは改善されないので、次に向かってどうするか、何を修正するかをみんなで一緒になって考えていました。


国内だけとは限りません。たとえば、ある国の事業責任者から相談を受けたことがありました。

その国では定時になったらすぐに帰る人がほとんどです。別に定時に帰ること自体は悪くはないですし、会社としても推奨していますが、「ここは頑張らなければいけない」というときも、仕事に全力投球しない（もちろん、個人差はありますし、私の個人的な印象です）傾向があり、店舗の運営基準も世界各国と比べると低い傾向にありました。

要請を受けて私も現地に行ったのですが、確かに緩い。「どうしようか」と考えたときに思いついたのが、英国のＦＲＭＩＣのハリンダーという女性社員にその国に来てセッションをしてもらうことでした。

というのも、私が少し現地を見た感じでは、「日本人が説明したところで、几帳面な日本人が何か言っているくらいにしか思われず、心に響かないのでは」と思ったからです。

ハリンダーが英国で実現している店舗オペレーションの基準は「ハリンダースタンダード」とも呼ばれ、グローバルのお手本になるレベルのものでした。わざわざロンドンからその国まで飛んできてもらって、高い基準を掲げる大切さを語ってもらい、自分事化するワークショップを通じて、その国の店長のマインドセットが明らかに変わりました。

「教育」というと、「どんなプログラムを用意するべきか」「そのプログラムをどのくらいの頻度ですべきか」に議論が行きがちです。もちろん、ユニクロにも座学や研修はありますが、そこはメインではありません。

あくまでも原理原則で「現場に入り込む」と明示することで、現場の課題解決をしながら人材を育成する姿勢を常に意識しているのです。

教育の原理原則の2つ目が「全員経営を実現する」です。

先ほどのある国の事例は現場のモチベーションの課題解決でもあり、全員経営の実現のためでもあります。

働いている人のモチベーションが低くては、「全員経営」は到底実現できません。この原理原則があることで、ひとりひとりのやる気を引き出し、ひとりひとりの未来を開くことを教育担当は意識することになります。

「教育」は、企業によって持つ意味が全く変わります。ピラミッド型の組織を意識して育てるのと、ひとりひとりに経営者マインドを持たせるように育てるのでは、アプローチが全く異なります。ユニクロは典型的な後者ですので、私たちも「自分の頭で考えること」を店舗スタッフに至るまで徹底して求めていました。

「言われたことだけやる人にならないでください」「マニュアルよりも原理原則を大事にしてください」と繰り返しました。極論を語れば、「原理原則をしっかり守っていたらあとは何をやってもいいです」と言ったこともあります。実際、守るところだけ守れば自分で考えて何をやってもいいわけです。これも日本企業では特殊な教育といえます。

最後に「グローバルでよい取組みの事例（ベストプラクティス）を共有して、グローバルで首尾一貫した高品質の教育を実践する」です。これは、情報を囲わずにどんどん良い事例を共有しようという意識を忘れないための原理原則です。

ユニクロの教育体制がグローバルで整備されたのはここ10年くらいで、私が2012年に入社した後です。

今はＦＲＭＩＣが統括していますが、かつては各国の事業部の下に教育機関がぶら下がっていました。ただ、それぞれはあまり横連携していませんでした。国単位で教育が完結していたのです。

ですから、世界中で同じようなことに取り組んでいても、プログラムの中身もばらばらでした。そのプロセスも結果もほとんど共有していませんでした。

たとえば、中国で良い取り組みをやっていたのですが、中国国内で閉じていました。「それはもったいない」ということで、ＦＲＭＩＣが国ごとのいいとこ取りをして、全体の底上げを図りました。

結果として世界中どこに行っても、共通の理念で共通の必要な力が身につくようなプログラムとその実行体制を整えました。まさにグローバルワンの実践です。

原理原則をどうつくるか？

□原理原則は「全員が納得できる合理性」が必要

さて、ここまでで、原理原則がいかに重要か、ユニクロにどのような原理原則があって機能しているかは理解していただけたと思います。

ただ、一方で「どうすれば自分の会社で原理原則をつくれるのだろう？」と疑問を抱いた人も多いでしょう。確かに「原理原則が大事です」と言われても、つくれなければ実効性はありません。ここでは私自身がユニクロで原理原則の策定に関わった経験を踏まえて、どのようにすれば、みなさんも原理原則をつくれるかについてお伝えします。

まず、原理原則は全員が納得できる合理性が必要です。そのためには、言葉で原理原則をしっかり、わかりやすく明示しなければいけません。

そこで重要になるのが**キーフレーズ**です。

たとえば、「仕事の原理原則」の中に「前始末をせよ」という原理原則があります。みなさんは、「前始末って何だ?」となったはずです。これが原理原則には重要です。聞いたとき、読んだときに、頭に残るからです。

「前始末」はユニクロ独特の用語で、「準備をちゃんとしろ」ということです。ですから、「準備をしっかりせよ」でもいいわけですが、「準備をしっかりせよ」より「前始末をせよ」の方が多くの人に響くはずです。

「スピード、もっとスピード」という原理原則もあります。これは、「仕事にはスピードが重要です。スピードをもっと意識しましょう」ということですが、「仕事ではスピードを意識しましょう」よりも「スピード、もっとスピード」の方が、読んだだけで納得感があります。

心に染み込んでくるはずです。「今までの自分のスピード感ではもしかすると全く足りていないのでは」という意識づけにもなります。

「質問は問題意識と解決意欲の表れだ」という原理原則もあります。これは質問の意味づけを端的に表しています。一般的に「質問は、わからないから聞くもの」という認識があると思いますが、ユニクロでは違います。質問＝意欲ですから、質問する人は前に進もうとしている人なのです。

そう聞くと、「自分で考えてもわからないときは、遠慮せずに質問しようかな」とマインドチェンジにもつながります。日々の業務姿勢も変わるはずです。原理原則はまさに人を変える仕組みであることが理解していただけるでしょう。

管理職向けには「ものわかりのいいリーダーはメンバーの不幸である」という原理原則があります。最近は「リーダーはあれこれ指示せずに、メンバーの自主性に任せるのがよい」という風潮もありますが、それに警鐘を鳴らしている原理原則ともいえます。

なぜならば、最初から任せても仕事ができる人はほとんどいないからです。自律的に問題を発見、解決して改善できる人はごく一部です。ですから、メンバーの自主性に任せるというのはリーダーが自分の仕事をしていないことになりかねません。

そうならないためにも、この原則はリーダーがメンバーに対して常に仕事に対する一番厳しい基準を要求することを投げかけています。それはリーダーの義務であり、権利でもあります。

「この程度でいいよ」という態度で接する、ものわかりのいいリーダーがいたら、それはメンバーにとって不幸の始まりです。妥協をして目線を下げてはいけないのです。

□原理原則は「Ｗｈｙ」が大事

以上のように、原理原則はわかりやすくも、読んだときに平板ではなく、「面白いな」と思わせる工夫が必要です。もちろん、フレーズだけでなく、「それがなぜ重要なのか」も明記しなければいけません。
キーフレーズだけではWhatの羅列です。キーフレーズに対して、10行程度で「なぜそのフレーズが大切なのか」を説明しましょう。これまで私が挙げた例も解説がないと「なぜそうなのか」がわかりにくい例があったはずです。

原理原則をつくる際にはみなさんが改めてWhyを考えることが非常に大切になります。このプロセス自体に意味があります。自分自身で「なぜか」ということを徹底的に考えて、言葉に落とし込むと、自分自身で腹落ちします。
なんとなくわかっていたつもりでも、言葉にしてみないとよくわからないことが少なくありません。自分で重要だと思っていても、「なぜか」を突き詰めるとあまり重要でないこともあるはずです。

キーフレーズと解説ができたら、次はその原理原則を「どのように浸透させるか」です。いくら素晴らしい原理原則ができても、周知しなければ意味がありません。

いかに周知させるかは、実はつくる段階から始まっています。

つくるときには自分ひとりでつくらずに、部下を巻き込んで一緒につくりましょう。

私が教育の原理原則をつくったときも、世界各地のＦＲＭＩＣのリーダーを巻き込んで、かなり時間をかけて、議論を尽くしてつくりました。

もちろん私も自分の意見は言いますが、なるべくみんなに意見を言ってもらいます。意見が出れば出るほど、すり合わせができて、企業として何を一番大事にしたいかが結晶化されます。そのプロセス自体でみんなが原理原則を「自分事化」できます。

共通の価値観がお互いにわかってきて、「より強いチームになる」というメカニズムも生まれます。原理原則を一緒につくることで、親近感も生まれ、別の課題があってても取り組んでいこうとする土壌も生まれます。原理原則をつくることは、チームの土台固めにもつながります。

□教育連鎖

部下を巻き込んで原理原則を考えることは、何よりも部下の教育になります。チームビルディングにもなるので、自分ひとりで唸りながら思い悩んでつくるよりも多面的にプラスの効果があります。

部下も上司がひとりでつくった原理原則よりも自分が関わったものの方が、周知させるモチベーションは高まります。

たとえば、部長クラスの人でしたら、課長を巻き込んでつくる。そうすると、課長は自然と自分の課のメンバーにもわかりやすく教えることができます。教えることで自らも改めて学ぶ効果もあります。課長自身が成長します。

自分でつくったものを自分の言葉で説明するので、「自分事化」がより進みます。原理原則がますます機能するようになります。

さらにその課長の下にグループリーダーのような人がいたら、そのリーダーにまた自分のグループに自分の言葉で説明させると、そのリーダーも成長します。これを

「教育連鎖」と呼びますが、原理原則の策定と浸透には教育連鎖が効果的です。

リーダーがひとりでつくって「みんな、明日からこの部署の原理原則はこれだから守って」と言ったところで、全く機能しないはずです。興味を持つ人がいても、実践にはなかなか結びつかないでしょう。

教育連鎖で「自分事化」させて、自分の頭でそれをどう使うかを考えさせる仕組みが重要になります。

また、教育連鎖の仕組みをつくっても、メンバーはすぐ忘れてしまうかもしれないので、定期的に原理原則を思い出す場を設けることも大切です。

日々の1on1の中などで、「原理原則を日々の業務にどう生かしていますか」と話を振ったりして、ひとりひとりに絶えず意識させることが原理原則の定着には欠かせません。

「生産性を高める仕組み」は原理原則以外にもある

□進化を続ける「商品管理アプリ」

ここまでユニクロの生産性を上げる原理原則や、原理原則のつくり方についてお伝えしてきましたが、ユニクロには生産性を高めるための仕組みがほかにもたくさんあります。

特徴的な仕組みをいくつか紹介します。

まず挙げられるのが、店舗でスタッフが使っている商品の管理アプリです。「なんだかありきたりな仕組みだな……」と指摘されそうですが、これがものすごいスピードで進化しています。

私の在職時から商品の管理アプリはありましたが、現在は店舗全体で何がどれくらい売れているかをリアルタイムで把握できます。ですから、店舗としては一日単位ではなく時間単位で何をどう売るかを臨機応変に変えられます。

もちろん、在庫がなければ当日中には対応できませんが、リアルタイムの情報を見ていれば、売れているけれどもあまり店頭に並んでいない商品などは一目瞭然です。倉庫から持ってきて、多めに並べるなどの調整はすぐに可能です。

ちょっとしたことに思えるかもしれませんが、ユニクロの全店舗でこうしたちょっとした調整を積み上げれば、ものすごい改善になります。こうした現場の地道な取り組みで一日当たりの売り上げの向上につなげています。

在庫の情報もかなり精度が高くわかるようになっているので、機会損失を大幅に減らせています。また、AI（人工知能）がどれくらい発注すればいいかをはじき出してくれるので、店長や部門担当スタッフはそうした予測を頭に入れながら、翌日や翌週の販売計画を立てます。

ＡＩが出したベースに、地域としての特性や店長としての勘やスタッフの思いを込めてつくるのです。

もちろん、うまくいく場合といかない場合がありますが、ＡＩの発注予測の精度はかなり高くて、その予測に従うだけで、80点くらいは確保されるそうです。ＡＩをうまく使いながら、人にしかできない思いを乗せる仕組みができあがっている印象です。

少し前までは商品の発注は店長の勘に頼るところが大きかったのですが、一変しています。

店舗単位で情報武装が進み、情報製造小売業へと着実に進化する仕組みができあがりつつあります。

□「16時退社」の仕組み

生産性を上げるには「どう働くか」は切り離せません。働き方の仕組みもユニクロは独特です。

本部は定時が7時～16時に設定されています。間接部門の生産性を上げるための仕組みです。ダラダラ仕事をせずに、早く帰って、自己研鑽してくださいとよく言われていました。柳井さんも16時に帰っていました。

16時ピッタリに帰らなくても、16時台には帰りなさいと会社は推奨していました。実際、16時台にどれくらいの社員が退社しているかを示す「16時台退社率」がモニタリングされていました。

数値は部門ごとに公表されて、数値が悪い部門の担当役員は柳井さんに改善を求められていました。それくらい真剣に取り組んで、回していた仕組みのひとつです。「16時台退社率」は8割を目標に掲げていて、その目標は達成していました。ユニクロは激務の印象があるかもしれませんが、こうした仕組みがあることで、みんな自分なりに働き方を考えます。

掛け声ではなく本当に16時台に帰らなければいけないわけですから、自然といかに短い時間で効率的に仕事をこなすかという思考になります。結果的に生産性は上がります。

□仕事の進め方の「仕組み化」

私が教育部門で生産性を上げるために導入した仕組みもあります。仕事の進め方の「仕組み化」です。

仕事の生産性を高めるための第1のポイントは、**「優先順位付け」**と**「自分の持ち時間の把握」**です。つまり「何を、いつまでに、どこまでやるか」を明確にした上で、自分の持ち時間とマッチングを図ります。

たとえば、メーカーに勤めている社員ならば、「各仕事にはどのような工程が必要で、それぞれどの程度の時間を要するか」をまず把握します。同時に「各仕事の納期から現在まで、どのくらいの時間があるのか」を計算します。その2つを見比べてスケジュール調整します。

この段階で、自分の持ち時間に対してやるべきことが多ければ、どんな仕組みをつくろうが無意味です。品質を落としてやるか、長時間労働でカバーするか、いくつかの仕事を手放すかになります。私の部門ではまず、部下に1週間単位でのやるべきことを考えさせていました。

ただ、働いていればやるべきことはたくさんあります。そこで当たり前のことではありますが、「優先順位づけ」が重要になります。抱えている仕事の中で何が重要かを決めます。

何が重要であるか、重要でないかは悩みがちですが、その際に有効なのが「2対8の原則」です。

「付加価値の80%を生み出す20%の重要な仕事」を優先します。教育部門でしたら、原理原則をつくったり、現場で一緒になって課題を解決したりが重要な仕事になります。

ただ、優先順位を決める上では、重要かどうかの視点以外も出てきます。わかりや

図表6　重要度、緊急度によるマトリックス

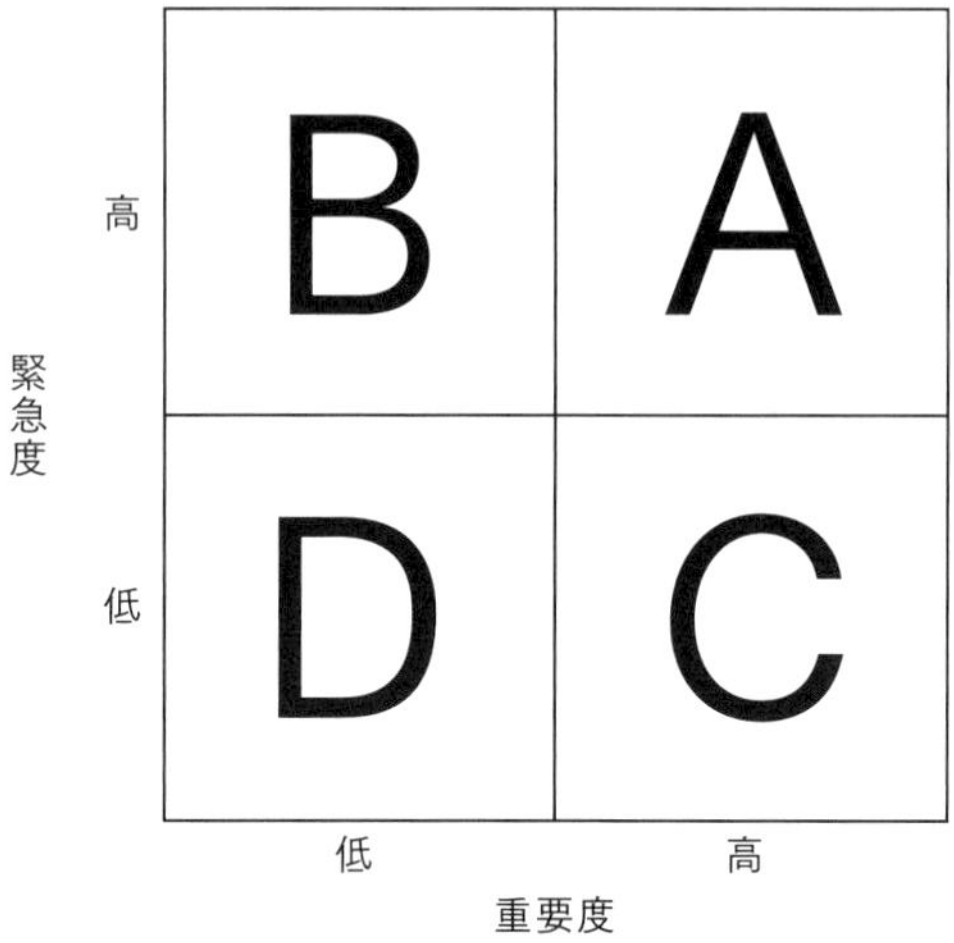

すい例がトラブルです。

日々の業務では想像していなかったトラブルが少なくありません。ひとつひとつは小さくても、放っておくわけにもいきません。トラブル対応には「緊急かどうか」の視点が必要になってきます。

そこで私の部門では、縦軸を重要度、横軸を緊急度としたマトリックス（図表6）をつくって仕事をプロットし、毎週初めにリーダーとスタッフが優先順位と今週やることの確認を行っていました。

マトリックスは4象限から成り立ちます。

A：重要かつ緊急

B：緊急だが重要でない
C：重要だが緊急でない
D：重要でも緊急でもない

ユニクロの場合、16時台退社が前提になっていますから、ここの仕分けも非常に重要になります。

やらなくていい仕事はやらない。その上で重要度と緊急度から優先順位づけします。自然と生産性は高まります。

このうち最も優先度合いが高いのはAであることは明らかです。まっ先に手をつけるべき仕事です。注意が必要なのはCです。緊急性が重要性を駆逐しこの部分が意外に手つかずになりがちです。注意を払わないと、Bにばかり手をつけてしまいがちになります。Bの仕事をしていて、Cの仕事にいつまでたっても手をつけない。いつまでたっても大きな成果が出ない形になります。

成果が出ないだけならまだしも、重要と認識している仕事ですから、手をつけないでいると緊急度合いが知らず知らずのうちに高まって、気づいたらAに変身することもよくあります。そのときになって慌てて対応しようと思っても、手に余る状態になっていることも珍しくありません。

ですから、Bに振り回されずに、Cにも目配りする。CがAに変わるリスクも念頭に置いて、向き合う姿勢が必要になります。私は部下にはこのCの仕事を放置しないで、仕事全体を管理する重要性を伝えていました。

では、具体的にはどうすればいいか。ポイントになるのは定期的にチェックする仕組みです。

重要度と優先度で仕事を振り分けても、振り分けただけでは意味がありません。週ごとに何をやるかを自分で考えて、決めさせて、それが実践できたかどうかを1週間後にチェックします。

定期的に振り返ることで、緊急度に振り回されて「重要だが緊急でない」仕事に手をつけられない状態を防げます。週次で回しているので、もし手つかずでしたら、「なぜできなかったのか」を議論し、根本原因を共に考え行動を変えることを促していました。これを続けていくと自然と、自分で考えて作成した計画を遂行するマインドになります。

「仕組み化」で重要なのは、この振り返りの場です。どんなに機能する仕組みをつくっても、それが実践できているかどうかを検証しなければ、改善は見込めません。やりっぱなしになってしまいます。

ユニクロの「仕組み化」の強さは「振り返って、それをすぐに見直すところ」にあります。それについては第4章で詳しくお伝えします。

第 2 章

「意識」を高め、次世代リーダーを育成する仕組み

「全員経営」を醸成する〝経営者になるためのノート〟

ユニクロに受け継がれる「経営者になるためのノート」

□「経営者になるためのノート」とは？

ユニクロの生産性の高さの原動力に「仕組み」があることを第1章では見てきました。

今や国内では敵なしのブランドになったユニクロは、メディアなどではカリスマ経営者の柳井正さんにスポットが当たりがちです。

ただ、**実際はむしろ「柳井さんがいなくても回る仕組み」があることこそが、本当の強みになっています。**

「柳井さんがいなくても回る仕組み」とは、経営陣や管理職だけでなく世界中の店舗のひとりひとりのスタッフにも「変革」を求める仕組みです。ひとりひとりに「経営者」になることを求めています。

たとえば、銀座店のメンズのインナー担当者には銀座のメンズのインナー売り場で、吉祥寺店のウィメンズのアウターの担当者でしたら吉祥寺店のウィメンズのアウターの売り場で、「経営者」としての力を発揮してもらう仕組みをつくっています。日々の自分の仕事の中で、自分の頭で考え、目の前の課題を解決できるようになるための仕組みです。

そのための、雇用体系を変えたり教育制度を整えたりという試みはこれまでに少しお伝えしましたが、その制度をうまく機能させるには当然意識づけも重要になります。むしろ、意識づけこそ最も重要といってもいいでしょう。

環境を整えた上で、働く人ひとりひとりに魂を込める必要性があるのです。その最も難しい意識づけも「仕組み化」しています。今やユニクロのバイブルとなっている「経営者になるためのノート」です。

ユニクロでは、幹部社員向けに柳井さんの経営理念をまとめた小冊子「経営理念23カ条」があることはこれまでにお話ししました。柳井さんの膨大な具体的経験と古今東西の経営者からの学びから理念を抽出したものです。

第1条から第7条あたりまでが比較的初期につくられたもので、少し紹介しますと、

1. 顧客の要望に応え、顧客を創造する経営
2. 良いアイデアを実行し、世の中を動かし、社会を変革し社会に貢献する経営
3. いかなる企業の傘の中にも入らない自主独立の経営
4. 現実を直視し、時代に適応し、自ら能動的に変化する経営
5. 社員ひとりひとりが自活し、自省し、柔軟な組織の中で個人ひとりひとりの尊重とチームワークを最重視する経営
6. 世界中の才能を活用し、自社独自のIDを確立し、若者支持率No.1の商品、業態を開発する、真に国際化できる経営
7. 唯一、顧客との直接接点が商品と売り場であることを徹底認識した、商品、売り

場中心の経営

となっています。

もともとはユニクロの前身の小郡商事の経営理念として1979年に作成され、そこに継ぎ足しに継ぎ足して第23条まで増えました。柳井さんの経営哲学の根っこの部分であり、経営に対する基本的価値観です。

これは現在まで全く変わっていません。ある外部有識者が「23個はあまりにも多すぎるので、もっと少なくしたらどうか」と柳井さんにアドバイスしたら、その人は二度と柳井さんに呼ばれることはなかったという、真偽は定かではない逸話も残っています。それほどの強い思いが「経営理念23カ条」には込められているのです（ホームページ上で公開されている2023年度のアニュアルレポートでは柳井さんの手書きのものを見ることができます）。

ただ、「23カ条」は状況によって継ぎ足して構成されてきたこともあり、構造化されていない点は否めませんでした。重複感も一部あります。論理の集合体なので、そのまま読むだけではなかなか定着が難しい面もありました。

そこで、2012年に「23カ条」をベースにしながら、柳井さんの頭の中にある経営の原理原則を改めて言語化し、体系化しました。それが「経営者になるためのノート」です。

私がユニクロの経営者・人材育成機関（FRMIC）の担当役員として2012年に入社したときに柳井さんに真っ先に言われたことは、「2020年に売上高5兆円を達成しグローバルナンバーワンブランドになるために200人の〝経営者〟をつくってください」ということでした（この場合の経営者は執行役員以上という狭義の意味です）。

当時の売り上げが1兆円で執行役員が約40人でしたので、5倍の売り上げには200人が必要という極めてシンプルな計算に基づくものでした。

そのための私の重要ミッションは「経営者になるためのノート」をまずは役員、そして働いているひとりひとりに血肉化させることでした。それほどこの「ノート」は

「経営者マインド」を根づかせるには不可欠でした。社外秘で門外不出の経営者育成のバイブルだったのです。

これを聞くと拍子抜けされるかもしれませんが、「ノート」は2015年に市販されました。「あとがき」以外は社内の冊子とすべて同じ内容です。門外不出がなぜ市販されるのか疑問を持たれるかもしれませんが、経営の原理原則は古今東西普遍であり、柳井さんは広く世の中の人のための役に立てたいという思いが強かったようです。

ちなみに、発売以来、毎年重版がかかっていて、すでに38刷のベストセラーになっています。

ベストセラーと書いたので「本なの？」と思われた人もいるかもしれませんが、「経営者になるためのノート」はその名前の通り、ノートです。

約180ページあるのですが、柳井さんや松下幸之助さんや稲盛和夫さんなどの名経営者や著名な経営学者の原理原則も踏まえながら、経営者とは何かの実践と経営者になるための4つの力について書かれています。

特殊なつくりになっていて、本文の周囲に罫線の引かれた余白部分が用意されています。

本文を読みながらそこに自分の考えや思いを書き込むことで、柳井社長と対話し、自らと対話します。「ノート」は経営者になるために自らを開く羅針盤のようなものです。

□「経営者になるためのノート」に書かれていること

では、どのようなことが書かれているのでしょうか。市販もされていますが、ユニクロの大きな柱である「全員経営」を支える重要な原理原則ですので、ここでは概要をお伝えします。

まず、「ノート」では経営者を位置づけます。確かに「経営者になるため」とタイトルがついていても、「経営者」が何たるかを位置づけないと、そこに到達するために、どうすればいいかも見えてきません。
「ノート」の中では「経営者」は極めてシンプルかつ本質的に定義されています。「経営者」とは「成果を上げる人」です。

では、成果を上げるにはどうすればよいでしょうか。実践しなければいけません。ですから、経営＝実践ともいえます。
どんなに素晴らしいプランがあっても、頭の中で考えているだけでは意味がありません。何も起きません。

素晴らしいプランを頭の中で考えているだけの人よりも、大したプランでなくても実践した人の方が「成果」は出せます。

ユニクロには、私のようなコンサル上がりが中途入社組としてかなりいます。また、大学の先生方にもサポートいただいています。

社長セッションでの討議の中で、そんな私たちを前に柳井さんが「コンサル出身者や大学の先生は、能書きばっかりで、実行のことが何もわからないから困るんですよね」的なことを言われて、こちらは下を向いて苦笑いするしかないということが何度もありました。

私も戦略コンサル20年超の経験の中で、いくら正しい戦略をつくっても、必ずしも成果が伴うとは限らないということを大きな問題意識として持っていたため、本当にグサッとくる言葉でした。

実践ということに関連して、柳井さんはよく「計画1割実行9割」ということも言われていました。

VUCAの時代ですから、従来のように何カ月もかけて戦略をつくっても、戦略ができたときには環境が変わって使い物にならないということも珍しくありません。もちろん、何も考えずに動き出すのは問題ですが、何かをしようとするとどうしても頭でっかちになりがちです。「計画1割実行9割」を強く意識することは非常に重要です。「経営者」を目指す上では欠かせません。

「ノート」をより細かく見ていくと、「経営者＝成果を上げる人」として、経営者として成果を上げるためにどんな能力が必要か書かれています。大きく分けて、4つの力が定義されています。

「変革する力（イノベーター）」「儲ける力（商売人）」「チームを作る力（リーダー）」そして「理想を追求する力（使命感）」の4つです。「理想を追求する力（使命感）」が4つの力の中心にあります。

次項で詳しくお伝えしますが、ひとつの力は7項目から構成されています。たとえば、「変革する力」でしたら、

1. 目標を高く持つ
2. 常識を疑う。常識にとらわれない
3. 基準を高く持ち、妥協とあきらめをしないで追求する
4. リスクを恐れず実行し、失敗したらまた立ち向かう
5. 厳しく要求し、核心をついた質問をする
6. 自問自答する

7．上を目指して学び続ける

これが4つの力ごとに用意されていますので、4×7で28項目になります。

また、各項目に具体的イメージを持つためのエピソードが用意されています。たとえば「変革する力」の「目標を高く持つ」項目には常識で考えたらまともとは思えないくらいの高い目標を持つことがイノベーションの源泉になると書かれているのですが、そこにはウォルト・ディズニーのエピソードが引用されています。

老若男女を問わず、世界中の人々に夢を与え続けているディズニー映画ですが、かつてアニメーションは子供向けの短編作品がほとんどでした。アニメーションは「動く漫画」の位置づけで、地位も低かったのです。

それを芸術作品に変えようと試みたのがディズニーです。彼はひとりで巨額を投じて長編作品をつくり始めたのです。周囲は驚きます。「アニメで長編なんて馬鹿げている」「道楽にすぎない」と揶揄していましたが、彼は奥行きを表現できる特殊カメラを使うなどして、1937年末には初の長編アニメ『白雪姫』を世に送り出します。

同作はアカデミー賞特別賞に輝きます。アニメが芸術として認められた瞬間です。ディズニーが「誰もやっていないから」「できそうもないから」と常識にとらわれていたら、アニメの発展は今よりは確実に歩みが遅いものになっていたでしょう。

もしかするとみなさんは「目標を高く持つ」と聞くと「そんなの働いている人にしてみれば当たり前では」と思われるかもしれません。「変革する力」にある他の項目の「常識を疑う。常識にとらわれない」「上を目指して学び続ける」も珍しいものではないでしょう。どこかで聞いたり、見たりしたことがあるはずです。

ただ、経営の原理原則は、聞いてみれば当たり前のことでしかありません。経営者が結果を出さなければいけないことも、企業を急成長させて高収益を上げなければいけないことも当たり前です。

柳井さんもいつも言っていますが、経営の原理原則は至ってシンプルです。誰よりも多くの経験を結晶化し、簡潔極まりなく結晶化したからこそ、柳井さんの教えはシンプルなのです。

「ノート」では身近なエピソードを織り込むことで、多くの人が読みやすい構成に仕上げています。「常識を疑う。常識にとらわれない」でも、冬のアイスクリームや夏のおでんのヒットの事例を盛り込んでいます。

季節性を逆手にとったビジネスモデルで常識を打ち破ったわかりやすい例です。理念や原理原則はただ文章が並ぶため、ときには遠い存在になりがちです。身近なエピソードを引用することで、誰もが読める内容になっています。

□従来のチェーンストア脱却に必要だったもの

誰もが身近に感じられて読もうと思えることが「ノート」には欠かせませんでした。「ノート」の作成には、「23カ条」の構造化と同時に「全員経営」を加速する狙いがあったからです。当時はまだ各店舗の主役を店舗スタッフとする「究極の個店経営」の方針は打ち出していませんでしたが、従来のチェーンストアの運営の限界は柳井さんも確実に感じていたはずです。

というのも、2012年から13年にかけて、ユニクロは「ブラック企業」として世間から批判を受けていました。長時間残業や低賃金を問題視する内容の書籍や雑誌が並びました。

そうした記事の真偽はともかく、入社後3年の離職率が08、10年に4割を超え、09～11年は5割を超えるまでに上昇していたのは紛れもない事実です。海外出店を増やし始めたタイミングであり、店長となってグローバルでも活躍できる人材を可能な限り短期間で育成することに力を入れていたこともあって、その歪みが生じていました。

ブラック企業たたきが激しさを増すばかりだったこの時期に柳井さんにとって転機になったのが、米国のスターバックスの最高経営責任者（CEO）だったハワード・シュルツ氏と話したことでした。

シュルツ氏は柳井さんに「店長を主役にするだけでなく、現場のスタッフひとりひとりを主役にしなくてはいけない」と言ったそうです。まさにのちの「究極の個店経営」につながるエピソードです。

「社員の生活をもっと良くして、自発的に店長になりたいと思える現場にしないといけない。仕事をする上で一番楽しいのは、自分で考えて自分で実行することだ。上からの言いなりにならず、下からルールを破るくらいの集団でないと、世界で勝てない」。シュルツ氏との出会いを経て、改革が一気に加速しました。

序章でもお伝えしましたが、ユニクロは2014年3月に国内のユニクロ店舗で働くパート・アルバイトの地域正社員化に着手して、当時、店舗で働いていた3万人のパート、アルバイトのうち1万6000人の地域正社員化を決めました。15年10月には地域正社員の週休3日制も導入しました。働き方を多様化し、社員が地域に根ざして安定して働ける条件を整備したのです。

また、理念を語るだけでなく、社員の声を聞き、見直しや改善の必要があればすぐに手を打つ姿勢も鮮明に打ち出しました。

「ノート」はそうした展開の少し前に完成していましたが、当初は役員向けのバイブルでした。

ただ、すでに柳井さんの中には役職や立場にかかわらず、働く人全員が「経営者マインド」で自分の業務に向き合わねばいけない時代が来る予感はあったはずです。「ノート」がそのための原理原則の「仕組み」であったことは間違いありません。「ノート」の作成に着手する段階では「ブラック企業」批判は予想していなかったはずですが、原点を見直して、体制を立て直すのにも「ノート」は大きな役割を果たしたはずです。

ユニクロで働いている人ひとりひとりが「ノート」に書かれていることを実践していたら、「ブラック企業」と批判される可能性は極めて小さかったからです。そういう意味では、「ノート」はユニクロそのものの針路を大きく軌道修正する「仕組み」になったともいえるでしょう。

社員に自分の「28項目」を実践させる

□「28項目」とは何か？

経営者になるためには「変革する力」「儲ける力」「チームを作る力」「理想を追求する力」の４つの力の育成が求められます。「ノート」の中では前述した順番に語られています。

それぞれの力はより細かく7つの項目から構成されていて、７つの項目ごとにエピソードが盛り込まれながら解説される構造になっています。前項で軽く触れたように、４つの力×7項目＝28項目になります。

「ノート」を読んで唸らされるのは、この28項目がかなり考えられていることです。「これらの項目を全て実践できたら、スーパー経営者になれる」と誰もが思うはずです。いくつかわかりやすい項目をお伝えします。

たとえば「変革する力」ですと、その7項目の中に「リスクを恐れず実行し、失敗したらまた立ち向かう」とあります。

「リスクを恐れず実行しろ」と社員に働きかける企業は多くありますが、失敗してもユニクロの場合はチャンスが与えられます。

失敗して一回降格させられても、また表舞台に戻れる道が残されているのです。「ノート」ではひとりひとりに、それくらいの覚悟を持って仕事に挑んでいるかと投げかけているわけです。

「チームを作る力」では「全身全霊。100パーセント全人格をかけて部下と向き合う」が印象的です。私が「ノート」の中で一番好きなフレーズです。「部下と向き合え」とはどこの企業でも管理職は教育されますが、「100パーセント全人格をかけて」いるかと問われれば、部下の教育に自信がある人でも「さすがにちょっとそこまでは…」となるのではないでしょうか。

みなさんの中には「そもそも柳井さんは100パーセントで向き合っているんですか」と思われた方もいるでしょうが、実際、柳井さんは100パーセント以上の力で向き合っています。

象徴的なエピソードがあります。ブラック企業批判でユニクロが揺れているとき、柳井さんに呼ばれ、「日本の店長全員と会うので、どうやるか考えてください」と言われました。私は耳を疑いました。当時でも日本に店長は1000人近くいたからです。

時間的・物理的に難しいと思いますと返事をしたら、「会うっていったら会うんです。考えてください」と怒られました。そこで考えたのが非常に単純ですが、30人ずつのミーティングを開く方法です。「30回以上になりますが、本当にやられますか」と念押しをしたら、「やります」と言い切られました。

あのときの柳井さんの迫力は鬼気迫るものがありました。それくらい、当時心を痛めていた店長を何とかしたい、心に火をつけたいという強い思いを柳井さんの中に感じました。

当初は「ノート」を題材に柳井社長と店長が対話をする場として設計していたのですが、蓋を開けてみると店長ひとりひとりの抱えている問題に柳井さんがアドバイスをする場となりました。

仕事のことだけでなく、家族やプライベートに関わることにまで、本当に親身になって真剣にアドバイスをされていました。まさに、全身全霊100パーセントをかけて向き合っていました。

心に刺さり、揺さぶられ、感激して泣く店長もたくさんいました。あのシーンを思い出すといまだに目頭が熱くなります。1年をかけて30数回の店長とのミーティングはすべて実行されました。そして店長の離職率は1年で半減しました。

当時、柳井さんや役員が教育にどれくらい時間を使っているのかを分析したことがあります。超多忙な柳井さんが3割もの時間を教育に使っていました（ちなみにそれに対して執行役員は1割にも満たない時間しか教育には使っていないことが明らかになり、役員の育成責任が大きく問われ、役員の評価で人材育成が半分のウエイトを占めるように変わりました）。

柳井さんは、3割でもまだまだ不十分で、自分の時間の5割を教育に使いたいと常に語っていたのが今でも印象的です。

ジャック・ウェルチ氏がGE（ゼネラルエレクトリック）のCEOの後半戦で5割の時間を教育に使っていたのと同じように、経営者としての仕事の総仕上げはやはり〝人〟に回帰するようです。

柳井さんがすごいのは、部下に全身全霊で向き合うことが自然にできるところです。もうひとつ余談になりますが、忘れられないエピソードがあります。

私の部下にお父さんがあることで亡くなられ、その上お母さんも足が悪くなって、「自分が世話をするしかないから、もう会社を辞めようか」と悩んでいる社員がいました。柳井さんとの1 on 1でたまたまその部下の話をチラッとしたら、「1回その人を連れてきてください」と言われました。

そこで、部下と一緒に柳井さんの部屋に行ったら、ものすごく親身になって、具体的な助言をいただきました。まずは半年間休職して、お母さんをこんな病院・施設に預けて、その間に、英語の勉強をしなさい、と。その部下が海外で活躍する夢を持っていたからです。

その部下は柳井さんの助言を守って、辞めずに、半年休職しました。半年経って、お母さんの体調も回復し、今後の道筋がついたので、復帰しました。

その後、アジアのある国の事業責任者として海外赴任して、大活躍しました。あのとき柳井さんのアドバイスがなかったら、私の部下は辞めていたと思います。

あれほどの大きい会社のトップにもかかわらず、いかに一社員に対して全力で向き合っているかがわかるエピソードではないかと思います。「部下に100パーセント向き合い、心に火をつけるというのはこういうことなんだ」と実感しました。「ここまでやってチームはひとつになるのか」と私の教訓にもなった貴重な思い出です。

また、「儲ける力」の「お客様を喜ばせたいと腹の底から思う」も、非常に柳井さんらしさが表れています。

日本では企業が「儲けること」を罪悪視する風潮があります。儲ける企業に対するやっかみも激しいものがあります。

ただ、企業は営利組織ですので、柳井さんには「日本の風潮っておかしいですよね」という憤りがあります。柳井さんは今も昔もお金持ちになりたいわけではありません。

そうした動機ならばとっくにリタイアされています。

企業経営を通じて「いい社会」をつくりたいのです。「服を変え、常識を変え、世界を変えていく」ことを実現したいのです。そして、「いい社会」をつくるためには「儲け」が必要なのです。「儲けること」が「いい社会」をつくるともいえるかもしれません。

なぜならば、儲けるにはお客さまに喜んでもらうことが大事になるからです。お客さまに支持された結果として、儲かるのです。そして、さらに儲けるにはお客さまにさらに喜んでもらわなければいけません。

そのためには儲けた分を再投資の原資にして、さらに喜んでもらう好循環をつくることが欠かせません。お客さまがハッピーでい続けられるならば、それは「いい社会」になるはずです。

儲けはあくまでも顧客満足の結果としての利益にすぎないのです。ただ、「世界中でお客さまに喜んでもらい続けるには利益はそれなりに必要」で当時の10％台の営業利益率では不十分との認識でした。

最近はステークホルダー経営（企業が株主、従業員や取引先、顧客、消費者、地域社会などあらゆる利害関係者の利益・関心事に目を向け、貢献していく企業経営）が重視されていますが、ユニクロはお客さまが何よりも大切と考えているという話は前にお伝えしました。

全てはお客さまから始まるのがユニクロで、その考えが「儲け」につながっているわけです。

28項目すべては紹介できませんのでこれくらいの紹介にとどめますが、こうした項目ひとつずつを「自分事化」することで、これまで見えてこなかった自分の一面も見えてきます。

たとえば「自分は『チームをつくる力』が高い」と思っていても、ブレイクダウンして項目ごとに見てみると「全身全霊で部下とは向き合えていないかも……」と新たな気づきをもたらしてくれます。

「ノート」は本文の周囲にある罫線の引かれた余白部分に、本文を読みながら感じたこと、気づいたことを書き込みます。

そうすることで書かれている原理原則を自分の仕事の文脈に落とし込み、自分の仕事と紐づけられます。それによって自分がやるべきことが明確になり、原理原則が培われる仕組みです。

ただ、よほど自発的に取り組める人以外は「ノート」を渡して、「各自取り組んでください」と伝えたところで、なかなか進みません。「ノート」を渡すだけで実行できるようでしたら、「全員経営」は瞬く間に実現できます。誰もが「経営者」意識を持って業務に向き合えますが、それは非現実的です。

「ノート」の実効性を高めるためには、効果的な使い方があります。どう実践させるか、これも「仕組み化」していたわけです。ユニクロで「ノート」をどのようにして使っていたのか。

多くの人が「ノート」を使って「経営者」になるための「仕組み化」。まさにそれが私の仕事でした。

いかに「28項目」を実践させるか？

□国が違ってもやることは変わらない

ユニクロに入社直後の私の最大の使命は、「経営者になるためのノート」を日本はもちろん、グローバル各地域に伝道することでした。世界中のユニクロで働くひとりひとりを「経営者」に育てるために、意識や行動を改革する必要があったからです。

たった3人の所帯でスタートしましたが、各地域の社内教育機関（FRMIC）と連携しながら、グローバルでの伝道に励みました。

これは余談ですが、柳井さんに役員合宿的な場で「宇佐美君は宣教師になってください」と言われ、「フランシスコ・ザビエルに髪型も似ているので頑張ります」とボケたら（関西人の習性です）、「ザビエルはそんな髪型ではないでしょ」と突っ込まれ、すべったのも良い思い出です。

柳井さんの笑いはとれませんでしたが、自称フランシスコ・ザビエルとして、宣教活動に文字通り世界中を行脚しました。ニューヨーク、パリ、シンガポール、上海といった大都市だけでなく、バングラデシュ、ベトナム、トルコといった新興国でも多くのセッションを開きました。

国が違ってもやることは変わりません。

まず、セッションの開催の有無に関係なく、ユニクロで働く人全員に「ノート」を配りました。役職や立場も関係なく、全員です（英語版・中国語版もつくられています）。新卒、中途を問わず、入社するとユニクロが大事にしている考え方を研修するのですが、その際に「ノート」も配られます。

もちろん、その際に少しは「ノート」に触れますが、基本的には「自習しておいてください」という位置づけです。柳井さんは「ノートを100回読め」と言っていましたが、「まずは自分でしっかり読んでください」というのが「ノート」活用の第1ステップになります。

ただ、「100回読んでおいてください」では実際に実行しているかどうかわかりません（実際に読んだ回数を聞くと、多い人で3〜5回でした）。そこで、ひとりひとりが「ノート」を血肉化するためにセッションを開きます。これが第2ステップになります。

セッションではまず事前に28項目全てを自己評価してもらいます。5点満点で、それぞれの項目に点数をつけてもらいます。この点のつけ方で「仕事への目線の高さ」がわかります。

世界中でいろいろな層向けにセッションを開きましたが、たとえば、日本の役員は自己評価がかなり厳しくなります。5や4をあまりつけません。一方、東南アジアの国では自己評価が高い傾向にあります。

おそらく、日本の役員は常に柳井さんが近くにいるので、仕事への目線が高くなる部分もあるのでしょう。この目線の高さは大切で、目標がそこまで高く設定されていないと、5や4ばかりになります。自分は満点、経営者マインドをすでに兼ね備えていると思っているわけですから、セッションも意味がなくなります。

ですから、5点ばかりつけている人には、「これ本当に全部できているんですか?」と問いかけます。「日本の役員は3点なのに、あなたは5点と4点ばかりなのですか?」と投げかけ、目線の高さの投げかけをします。

参加人数は当然、その地域で展開している事業規模によって異なります。たとえばニューヨークでしたら、一回当たり50人以上集まります。経営層が集まるセッションもあれば、マネージャー層のセッションもあります。自己評価は、事前に参加者に提出してもらいます。

もちろん、何十人もいれば、得意な力と苦手な力はバラバラです。「変革する力」が強い人もいれば、「チームを作る力」に長けた人もいます。

28項目全部を議題にしていたら、何日あっても足りませんし、みんなも飽きてしまうので、メリハリをつけます。

それぞれの項目の平均値がどのくらいかを事前に集計して、他の回と比べるとどう違うか、他の地域とどう違うかを把握します。セッションによって項目ごとの数値は明らかにバラつきます。

その上で、どこの項目を深掘りするかを定めます。

たとえば、事前集計で「変革する力」の「目標を高く持つ」項目が弱い傾向にあったら、まず「ノート」の「目標を高く持つ」項目について簡単にレクチャーします。

ただ、座学がメインではありません。セッションのメインはグループでの議論です。ピックアップした項目で、今、自分はどういうことが課題で、今後、どういうふうにしていくべきかを、5人単位で議論してもらいます。

その後に、各グループにどのような議論をしたか発表してもらいます。これをいくつかの項目で繰り返します。

セッションの最後には一日の議論を通じて、これから自分自身がどう変わっていくかをそれぞれ考えてもらいます。議論して終わりではなく、議論の中身を「自分事化」する作業です。紙に書いてもらって、グループでシェアした後、何人かの人には発表してもらいます。

□100パーセント全人格をかけて部下と向き合う

この作業により、普段は意識していなかったことを自覚できます。気づきの「仕組み化」ですね。たとえば、店長が多く参加したセッションでピックアップした項目に先ほど少し触れた「全身全霊。100パーセント全人格をかけて部下と向き合う」があります。「チームを作る力」の第2項です。

みんな「部下としっかり向き合っている」と思っていても「100パーセント全人格をかけているか」と問われたら、自己評価で5点はつけられません。そこで、初めて「自分は向き合っているつもりだったけれども、果たしてどのくらい向き合っていただろうか」と真剣に考えるのです。

「店長だから教育は大事と頭では思っていたけれども、忙しさを理由に形式的な対応だったかも」と自覚するのです。

店長の中には「部下の立場に立って話を聞く姿勢がすごく大事」と頭でわかっていても、自分目線だったなと後悔する人もいました。日頃のコミュニケーションを振り返ると、部下の話を聞くときも8割くらい自分が話していて、2割くらいしか部下の声を聞いてなかったなと気づいたのです。

そこで、これからは相手のことをしっかり理解するためにも比率を逆にしようと「自分事化」しました。自分の話は2割、部下に話してもらうのは8割にしようと、具体的にどう行動を変えるかを示しました。

ほかにも店長クラスは大きく行動を変えた人が少なくありません。

店長の中には「ひきこもり店長」が少なからずいます。店舗には店長室があるのですが、そこにこもってひたすらパソコンに向き合っているのです。確かに店長はデータを見たり、商品を発注したりとパソコン作業は必要ですが、データ入力ばかりしていて、現場で陣頭指揮をほとんどとらない人がたまにいます。

店長も頭では「これではまずい」と思っていても、なかなか改善できないのですが、セッションを通じて、改めて現場・現物・現実の大事さを認識します。「ひきこもり店長」のひとりは、ひきこもってばかりではなく、現場に出て、その中で陣頭指揮を取りながらスタッフを教育するように行動変容を決意していました。

意外に多いのが、店長でもセッションに出て、本当の意味で初めて自分で考えるようになった人たちです。

店長は「店舗をこうしたい」「こう変えたい」というビジョンをそれぞれ掲げていますが、「考えているふり」の人もいます。魂の入っていない、上司の言っていることをコピペして、少しだけ修正したビジョンを示す人も少なくないのです。

セッションを通じて、「ああ、自分は間違えていた。それでは意味がない」と気づきます。借り物の言葉はやはり響かないことを痛感するのです。本当の自分の言葉で自分の店舗をどうしたいかのビジョンを全く語ってないことを自覚します。本当の自分の言葉でビジョンを語って、それを店舗スタッフに向かって話すように行動を変えた店長もいました。

「部下と向き合う」となると、時間と場をあらかじめ確保しなければいけないと悩んでいた人もいました。人材育成は通常の業務と別に実践しなければならないという先入観にとらわれすぎていたのです。

その方法だと教育の機会は限られますし、コミュニケーションも形式的になりがちです。その人は、セッションを通じて、ＯＪＴ（オン・ザ・ジョブ・トレーニング：職場の上司や先輩が、部下や後輩に対して、実際の仕事を通じて指導し、知識、技術などを身につけさせる方法）に変換していこうと、今後の取り組みを書いていました。

日々の仕事の中で、気づいたときにその都度、部下にフィードバックしてあげることを繰り返すことで、部下を育てようと自分の業務に落とし込んでいました。

「ノート」のセッションの目的は気づきを得て、その気づきを「自分事化」することです。課題を明確にして、今後の取り組みを定めます。ゴールの数字を定めてコミットしてもらうところまでは求めませんが、自分が毎日の業務で実践できる内容に落とし込みます。

ただ、課題といっても山ほどあります。「私は仕事に課題がない」と感じるようでしたら、それは仕事をしていないと同義でしょう。難しいのは、人によって課題の「質」がさまざまなことです。

先ほどお伝えしたような「部下との対話がうまくいかない」という現状の切迫した危機感からにじみ出る課題もあれば、「本当にありたい姿」から逆算して、課題を見出す場合もあります。

後者では印象的な話があります。バングラデシュでセッションをしたときに、いまだに強く記憶に残っている女性社員がいました。その場では、「ノート」の4つの力に照らし合わせて、自分の日々の仕事を意味づけしていってもらいました。彼女は目を輝かせながら、「バングラデシュの生産でこんな変革を起こしたい」と生き生きと語ってくれました。

生産のプロセスや働き方の課題を挙げながら、改善策を提起してくれたのです。確かダッカ大学を卒業して思いを持ってユニクロに入社してくれたのですが、「彼女のような社員をグローバルに活躍させてあげられるようにしないといけない」と心底思ったことを今でも強烈に覚えています。

彼女の問題提起は、ありたい姿を明確にイメージして、今起こっている課題を位置づけて、その課題の解決のためには何をしなければいけないかを示した形です。当然ですが、一国の生産の変革は自分ひとりでも店舗単位でも解決できる課題ではありません。

国単位、全社単位の骨太の課題になりますが、組織が成長する上では無視できない課題でもあります。

こうした課題は組織に変革を起こす非常に重要な問題意識ですが、気を付けなければいけないのは、課題を「自分事化」する過程です。自分でできることと、組織として動いて解決しなければいけないことを、しっかりと区別することです。いくら個人で「組織全体を変えたい」と意識したとしても、限界があります。

「個人として改善できること」と「組織として解決していくこと」を分けて、個人でできることを実行した上で組織に働きかけて課題を解決しなければいけません。彼女にもそう助言した記憶があります。

そうすることで、個人も変わって組織も変わります。個人と組織の両輪がうまく回る好循環が生まれます。

セッションでは大小いろいろな課題がありました。私をはじめＦＲＭＩＣは、課題解決が現実的か否かでは決して判断しないように心がけていました。現実的がどうかを考えた時点で、それは変革から遠のきます。

それでは「経営者」マインドは育ちません。目線を下げずに、でも単なる理想主義に走らずに、日常の業務に落とし込む。それが「経営者になるためのノート」を有効に活用する方法といえます。

実行を促す「振り返りの場」

□「実践せざるを得ない状況」をつくり出す

「経営者になるためのノート」を有効に使うには、日々の仕事の中で何を実践すべきか、今後のアクションプランを書き出す作業が欠かせません。世界中で開いたセッションも、最後はその作業で終わります。

アクションプランを書いてセッションは終わりますが、「ノート」を活用する取り組みは終わりません。

プランを書いて終わりでは、セッションの意味もなくなります。課題に対して議論して、何をすべきかを書き出しても、実行し続けなければ何も変わらないからです。ユニクロでは三日坊主にならないためにも、プランを実践し続けてもらう仕組みも設けています。

セッションから約3カ月後にアクションプランの実践状況を報告する場をつくっています。フォローアップをすることで、「セッションは面白かったね。勉強になったね」で終わらせないで、実践せざるを得ない状況をつくります。

具体的には、自分がつくったアクションプランがうまくいっているのか、うまくいっていないのか。うまくいっていないとしたら、どこに問題があるのかを持ち寄ってもらい、参加者同士でフィードバックしてもらいます。

お互いの取り組みを聞いて、ポジティブに受け止めるとともに「もうちょっとこういうふうにやったらいいのでは」とアドバイスを交わす形です。この相互フィードバックにとても価値を感じてくれる参加者が多いです。

みなさんも経験があると思いますが、働いているとどうしても日々の業務をこなすのに精一杯になりがちです。業務を効率的にこなして成果を出すことを考えれば考えるほど、自分の部署、チームのことしか目に入らなくなってしまいます。

たとえば、トラブル対応にばかり奔走して、部下の教育に全く向き合えない。会社員ならば誰もが経験があるでしょう。考え方も近視眼的になり、タコツボにとじこもってしまいます。

セッションでは部門を超えて、いろいろな人と話し合います。そこで、フィードバックをもらうと新鮮な気づきが少なくないようです。抱えている悩みは置かれている環境が違っても似ています。

セッションが終わると、「みんな同じようなことで悩みつつ、前を向いていることがわかった。仲間のフィードバックが非常に意味あるものだった」という声が非常に多く寄せられます。

たとえば、マネージャー向けに「マネージャーとしての自分をどう変えるか」の項目で話し合ってもらうと、どうしても部下育成の話がメインになります。部下育成に誰もが悩んでいるわけです。

「部下とのコミュニケーションを積極的に図りたいけど、やりすぎるとパワハラなどと言われるかもしれず、信頼関係を築くのが簡単でない」など、議論を重ねるうちに、お互い同じような悩みを抱えながら必死に頑張っていることがわかり、その場で共感が生まれます。

同じような悩みを抱えているからこそ、上司にはなかなか聞きにくいことも聞け、課題の解決にもつながります。上下関係ではない横の関係だから、本音の実践的な答えも出てきます。

プランに基づいて取り組みをするにしても、フィードバックをもらうことで、新しい視点で取り組もうという動機づけにもなります。ひとりで取り組んでいると、うまくいかないと挫折しかねませんが、新しい学びを得ることで「実践し続けていこうかな」というマインドを持てます。振り返りでの意識づけを「仕組み化」しているわけです。

お互いにフィードバックした後は、みんなのアドバイスを反映させながら、それぞれが、これからどうするか、どう自分を変えていくかのプランをアップデートしてもらいます。

ユニクロでは振り返りはこの1回です。もちろん、その後もずっと継続して振り返りの場を設けるのがベストですが、ユニクロほどの規模の会社になると、それは実務的にも難しいのが実情です。

ですから、現場で「ノート」に触れる機会をなるべくつくるような「仕組み」もつくっていました。上司が絶えず対話してフィードバックする仕組みです。

もう1つ学びを実践につなぐ仕組みが、上司の巻き込みです。研修のセッションが終わった段階で、振り返りのセッションの前に上司と1 on 1で話し合います。どういうふうに「ノート」を実践していくか、プランを練ります。アドバイスをもらって、上司の理解も得て、日々どういうふうに実践するか、上司からも見えるように明示化します。

上司が指導するときも、「ノート」を教材、媒介として使います。「ノート」を参考にして「ノートにこういうふうに書いてあるから、そこはこうしてみれば」のように助言します。

折に触れて「ノート」を開く機会をつくることで、「ノート」の考えを染み込ませます。

□「横のフィードバック」が社員の気持ちを後押しする

やはり、日々、接している上司のフィードバックは欠かせません。ただ、上下の縦方向だけのフィードバックでは完全ではありません。そもそも、上司の「ノート」の理解もバラバラですし、教え方やコミュニケーションなどにおいても、上司の当たり外れは正直あります。

そうしたバラつきを補ってくれるのが、セッションの参加者同士の横のフィードバックなのです。

そもそも部下の悩みとして、「上司との信頼関係がちゃんとできていない」というものがあります。

「上司と合わない」という悩みは、その上司には相談できません。そうした悩みを含めて、業務上の課題に対してどういうふうにすればいいかのヒントが、横の関係には転がっているのです。

セッションで「みんな同じようなことで悩みつつ、前を向いていることがわかった」との声が多いことはお伝えしました。

参加者もそれを感じて、「ひとりではないから頑張ろう」とモチベーションアップにもつなげています。

企業には上下の「仕組み」だけでは解決できない課題が多くありますが、どうしても会社は上下の「仕組み」がベースになっています。

横や斜めの「仕組み」をうまく取り入れることで、意識を高めて解決の糸口を探ってみましょう。

ちなみに、「ノート」のセッションはその人にとって数年に一度くらいの頻度で開催されます。数年経って、前回のプランはどうかを振り返りつつ、またノートの28項目を事前評価した上でセッションに参加してもらいます。

セッションのやり方は同じです。

意識を高める他の「仕組み」

□ユニクロ流「社員を鼓舞する冊子」とは？

「経営者になるためのノート」はユニクロ全社員に魂を込めるバイブルのような存在ですが、ユニクロにはほかにも社員の意識を高める「仕組み」があります。最近は特に既存のツールを刷新したり、新しくつくったりすることで「仕組み化」を加速している印象があります。

ツールとしてわかりやすいのが、冊子です。意識を高めるための冊子はいくつかあるのですが、最上位に位置して最も大きな枠組みとなるのが「FRの精神と実行」です。昔からあるのですが、2021年9月に刷新されています。

大きな章立てでいうと、第1部は存在意義、第2部がそれを踏まえた理念、第3部がFRの原点についてです。過去の常識を超えてこそ成功する、LifeWearが日本で生まれた理由、のように細分化されています。

LifeWearとはユニクロが2010年代初頭に定義づけた概念で、自社の服を「究極の普段着」とするコンセプトです。ここに一部歴史のような話も盛り込まれています。

第4部は、商売・経営・仕事の基本ということで、原理原則について簡単に解説する形です。商売とは何か、経営とは何か、チームワークで不可能を可能にする、リーダーとは何か、店長とは何か、日々の仕事の心得、あなたは何のために生きるか、という構成になっています。

私が在籍していたころの「FRの精神と実行」とはかなり変わっています。以前は「経営理念23カ条」がかなり細かく解説されていましたが、今はほとんど触れられていません。

代わりに、ユニクロが今標榜しているブランドコンセプトや情報製造小売業に向けてのDX（デジタルトランスフォーメーション）についての言及が目立ちます。

ユニクロの最新の考え方を浸透させるために、メッセージもアップデートしていることがわかります。

「FRの精神と実行」が最上位の概念、その下にそれを実行するための原理原則があります。

「経営者になるためのノート」も原理原則のひとつです。マーチャンダイジングには「商品経営の原理原則」がありますし、営業には「店舗経営の原理原則」があります。多くの部門にそれぞれの原理原則が整えられています。

第1章で紹介した「店はお客さまのためにある―実践の原理原則―」という冊子は、その象徴的な例でしょう。店長向けのエッセンスが再編されたもので、表書きには、「常にこれを持ち歩いて実践してください」と書かれています。

おさらいになりますが、内容を簡単に紹介しますと、ユニクロの商売の根本の原則が丁寧に書かれています。前書きには「独立自尊の商売人イコール全員が店主になれ」とあります。

続けて「会社員になるな、店主になれ」と、まさに経営者になることを求めているわけです。「自分の手金でやっている、経営をしている感覚があれば、言われたことだけをやるみたいな話にはならない」ともあります。非常にシンプルですが、重要なメッセージがつづられています。

原理原則以外では、「FRは何を変えたのか」という冊子が2023年4月に発刊されています。これはユニクロロゴのクリエイターでもあり「経営者になるためのノート」のデザイナーでもある佐藤可士和さんの監修で、「ユニクロのDNAとは何か」という内容です。

ユニクロの現在に至るまでの変革の歴史が、失敗も包み隠さず書かれているようです。根っこにあるDNAをちゃんと理解することで、今、ユニクロが掲げる「グローバルワン・全員経営」の輪郭がはっきりと見えてきます。DNAを理解しているか理解していないかで、日々の仕事に対する姿勢も変わります。

そういう意味では、まさに意識を変える「仕組み」といえます。

□企業理念の浸透を確認する「ダイレクトミーティング」

ユニクロが急ピッチで意識を変える仕組みをつくったり、整理したりしていることは理解できたでしょう。

ただ、こうした冊子でのメッセージは、自分なりの理解を深めた後で確認する場があることで効果がより高まります。ユニクロにはその「仕組み」もあります。ダイレクトミーティングを設けているのです。

経営陣との直接対話を通じて、会社が打ち出しているメッセージの本当の意味が何であるかを改めて認識してもらい、自分に何が足りないのかを自覚してもらう「仕組み」です。

自分自身をどういう方向に、どう変えたらいいのかの気づきを得てもらうのが最大の狙いです。

柳井さんとのダイレクトミーティングもあれば、各国の事業責任者とのダイレクトミーティングもあります。

ユニクロの価値観を体現しているような経営者たちと直接対話することで学んでもらいます。

また、年に2回、グローバルコンベンションが開かれます。世界からマネージャー職以上の5000人が集まって、柳井さんが基本方針や重要経営課題について直接話したり、世界のベストプラクティクスを共有し、グローバルワン・全員経営の実践を図ります。このイベントも、意識を高める上では非常に欠かせない「仕組み」になっています。

たとえば、イベントの最後に各ブランド（ユニクロ・GU・セオリーなど）別に新しく店長になった人を紹介します。ひとりずつアナウンスされ、壇上に上がります。

社員にとって、店長になるのはひとつの大きな節目になります。この登壇イベントがあることで、海外で店長になれば日本に来ることができるわけですから、モチベーションは自然と高まります。

ステージ上にはいろいろな国の店長がいます。アジアの店長もいれば、米国の店長も、ヨーロッパの店長もいます。

もちろん、日本の店長もいます。そうした多様な面々の中に身を置くことで、店長になっただけでなく、「自分は本当にグローバルな企業の一員だ」というプライドが醸成されます。

ですから、このイベントは幅広い人たちの心に火をつけて、絆を強める上で欠かせないのです。

イベントでは、各国のベストプラティクスを映像にして上映します。社員の共感を生む、こだわりにこだわった映像を毎回つくっています。

東南アジアの国で非正規で店舗のスタッフとして採用されて、店長として頭角を現し、さらに昇進している女性の働きぶりを、ずっと追いかけたこともあります。自画自賛になるかもしれませんが、テレビのノンフィクション番組に劣らない出来栄えです。

ＦＲＭＩＣがグローバルコンベンションの事務局だったので、年2回のこの時期は本当にメンバーに苦労をかけましたが、それを上回るやりがいを感じてくれていたように思います。

こうした事例を目の当たりにすることで、参加者はいつもとは違った形で「グローバルワン」や「全員経営」を体感できます。ユニクロは本当にグローバルワンで同じようなサービスを提供していて、ひとりひとりが経営者のマインドを持って頑張っていることを知ります。

頑張ったら報われる企業であることを、よりリアルに感じられるようになります。「百聞は一見にしかず」ではありませんが、リアルイベントに参加することで自然とモチベーションは高まります。

働く人ひとりひとりの意識を高めるのは簡単ではありません。当然、一回呼びかけるくらいでは高まりません。

訴える内容はぶれてはいけませんが、しつこく、形を変えながら根気強く、全身全霊を込めて訴求するしかありません。それには「仕組み化」しかないのです。

個人の成長を促す仕組み

□「自分事感」を生み出す仕組み

ユニクロには個人の成長を促す仕組みがいくつも用意されています。

ユニクロでは「キャリアは無限大」と働く人に言い続けています。まず新人は、店舗に配属されますが（現在は少し変わっているようですが）、そこから店舗運営を究めたい人は店舗運営を究める道が開けます。

マーケティングをやりたい人はマーケティングの道が、人材育成をしたい人は人材育成の道が用意されます。もちろん、海外に行きたい人は海外に行ってもいいわけです。

また、マーケティングに行った後に店舗運営に戻ることもできます。異動はいろいろな巡り合わせもありますので、自分が望むタイミングかどうかを別にすれば、最初に店舗で実力さえ培えば、道はいつでも開かれているし、常に変更可能です。脇道にもそれられるし、また戻ってきてもいい。本人の意思や本人がキャリアをどうしたいか、自発的な姿勢が非常に問われます。

ですから、上司も常に部下が何をしたいかをヒアリングしています。部下がどのような志を持っているか、そのためにはどんな能力を備えさせてあげればいいかを一緒に話し合います。第3章でお伝えするように、部下のキャリア開拓が上司の評価にもつながります。

海外の事業責任者になってその国のナンバーワンブランドにユニクロを押し上げたいという志を持っている人もいます。

生産のプロになって、どこにも負けない高品質かつ誰もが買える商品をつくりたいと考えている人もいます。

クリエイティブの力でユニクロのブランド力を上げたいと考えている人もいるで

しょう。

こうした志をヒアリングする仕組みは、他の企業ではあまりありません。ヒアリングをしても、せいぜい「違う部署に異動したい」「本社に転勤したい」「社費で留学したい」くらいではないでしょうか。

それらは部下の志ではなく、希望です。多くの企業でも1on1のミーティングは増えていますが、どうしても中身は日頃の業務や近視眼的な異動に関する話に終始しがちです。

ユニクロでは中長期的なキャリアについて上司と部下で話すことが、チャレンジする場を与えることにもつながっています。「大きい服を着せる」ことはユニクロではよくあるとお伝えしましたが、あれもむやみやたらに「大きい服」を着せているわけではありません。

たとえば、営業の人間をいきなり物流に回すと「なんて人事だ」と思うでしょうが、その人が将来はDXでユニクロを変革したいという志を持っていたら、志から逆算するとムダになりません。

将来を見据えて「自分事化」できます。一見わけのわからない異動でも、日頃から上司と胸襟を開いて話していれば、「いや、その人事は」と上司が異動に込めた意図や期待感を説明できます。

自分の中では全くつながらなかった、今の仕事とこれからの仕事が結びついて見えるようになるかもしれません。

そうした納得感があれば、成長にもつながります。人事は「ひとごと」とよく言われますが、ユニクロは「ひとごと」ではなく自分事にする「仕組み」をつくることで、各人の成長の底上げにつなげています。

もちろん、ユニクロには他の会社と同じように集合研修もあります。ロジカルシンキングやコミュニケーションスキルなどのスキル系の研修もあれば、リーダーシップの研修もあります。

ただ、座学というよりは自分の取り組みを共有して、主体的に学ぶ内容がほとんどです。

企業全体で見れば、おそらく最も成長を促したのは店舗スタッフ向けの仕組みです。

何度もお伝えしましたが、「究極の個店経営」を打ち出し、店舗戦略を大転換したので、ブロックごとに店舗スタッフに集まってもらって、理念の共有から始めました。

これまで「みなさんは店長に言われたことを言われた通りにやってください」だったのが、「自分で考えてください。経営者になってください」に変わるわけですから、多くの人は困惑していました。

ただ、一方で「なぜか」を説明すると、変わることの意味も理解してくれました。環境は人を変えます。スタッフの多くは、今までは自分の店舗のことしか知りませんでしたが、他の店舗の人と学んだり議論したりすることで、モチベーションを高めていました。

□部門別原理原則の策定

私の入社以降大きく変わったのは、部門別の教育かもしれません。第1章で原理原則についてお伝えしましたが、私が入社したころは「店舗経営の原理原則」「商品経営の原理原則」「人事の原理原則」の3つしかありませんでした。

どういう働き方をすればよいのかなど業務に関する根っこの教育は、各部門に任されていました。

当然、部門ごとに教育にバラつきがあります。悲惨なのは中途入社で教育を放棄しているような部門に配属される場合で、結局、何をどのようにしていいかわからず、お手並拝見のまま組織になじめず成果も出せず、退職するケースも少なくありませんでした。

部門別教育の変革の必要性を柳井さんと討議し、各部門の担当役員が教育責任を負って、部門教育を担う仕組みをつくりました。担当役員にしてみれば仕事が増えますから、私はヒール役（憎まれ役）にあえてなりました。

その具体的な取り組みが各部門の原理原則の策定です。各担当役員が実務を遂行する上で大切にしなければいけないことを10カ条ならば10カ条出してもらい、定めました。

とはいえ、いきなり原理原則をつくれといっても難しいので、仕事の全体の流れをプロセスマップに落として、プロセスのどこでどのチームがどのように関わっているかを見える化して、業務の全体像を整理してもらいました。

その上で、何が重要か、何に気を付けるべきかを言語化して原理原則を策定してもらいました。

もちろん、原理原則をつくって終わりではありません。教えなければいけません。部門ごとに自分たちで教材をつくり、スケジュールを策定して現場に展開しました。

これによって、ユニクロはどのような部門でも原理原則で動く、「仕組み化」された会社として、より一段成長にドライブがかかりました。

次世代のリーダー・後継者を育成する仕組み

さて、これまでお伝えしたユニクロの「仕組み」は、働く人の95％の成長を促す「仕組み」です。

ほぼ全社員に共通する仕組みです。一方、全体の5％に絞って成長を促す「仕組み」もあります。次世代のリーダーを育む「仕組み」です。

つまり95％の底上げを狙いつつ、5％をさらに引き上げる。全社ではそのような構造です。

ユニクロは次世代のリーダー育成には以前から取り組んでいます。それは柳井さんにも強烈な危機感があるからでしょう。

「自分がいなくなってもユニクロが成長し続ける仕組み」こそ、ユニクロの「仕組み化」の最後のピースといえるからです。

そのための布石は約10年前から打っています。

□次世代リーダーを育成する仕組み

私が責任者を務めていたFRMICがその役割を担っていました。09年に経営幹部養成機関として設立され、今では社内教育全般を担当しています。FRMICはかなり独特の組織で従来型の社内教育機関とは、まったく異なる発想を持っています。名前の通り経営変革を通じ経営者・人材育成を図ることがミッションです。

その中で次世代経営者育成の2本の柱となる「仕組み」が、「FGL（Future Global Leader）イニシアティブ」と「MIRAIプロジェクト」という二つのプログラムでした（現在は異なるプログラムに進化）。FGLイニシアティブは、マネージャークラス（年齢による区切りはありませんが、目安は30代です）を3年間で経営者（役員あるいは上級部長グレード）に育成するためのプログラムでした。対象者はグローバルグループから各事業の経営者によって抜擢された60人程度で、女性が半分、日本人は3分の1程度の構成でした。

育成のキードライバーは、次の3点です。

1．志をベースにした3年間の試練が与えられる。前述の通り、全ての社員は自分が立てた志をもとにして各自のキャリアプランを進めているが、このイニシアティブの対象者は、この志とキャリアプランについて経営者レベルを交えて討議し、承認された後、特別な3年間のストレッチした経験機会が付与される。

2．対象者個々に役員クラスのメンターが指名され、3年間の育成にコミットし、責任を負う。メンターはキャリアプランの構築、その実践で成果を上げるための相談相手という重要な役割を果たす。また、成果が上がらない場合には、いったんFGLから外れることをアドバイスすることもある。

3．3カ月に一度FGLセッションを実施する。内容は、柳井社長をはじめとした経営者との直接対話や、現場・現物・現実でのビジネスの深い理解（たとえば中国の生産工場訪問）、自らがリーダーとなる組織横断イニシアティブの柳井社長への提案・討議などである。

これらを通して、経営者としての視座・醍醐味・大変さを、通常業務よりも直接的に学ぶ。
ただし、一度抜擢されたらその立場は安泰と思わせないように、一定の割合で入れ替える（敗者復活の道は設けた上で）。常に全力で上記のプログラムに当たるようにする。

試練の例としては、以前お伝えしましたが、営業センスは優れているが国内だけで育ってきた、英語も覚束ない日本人をロシア事業の最高執行責任者（COO）に就かせたり、人事・教育の経験しかない人材をサプライチェーン全体を統括する責任者に登用したりです。あれらの人事はこのプログラムの一環でした。
それまでのキャリアからかなり飛躍して、試練を与えていることで、実践でもがき苦しみながら、自らがリードし、チームをつくり成果を出すことにチャレンジさせます。

一方、MIRAIプロジェクトは、未来のユニクロを担う若手層の発掘・抜擢・育成を目的としたプロジェクトです。FGLよりさらに若いジュニア層（20代から30代前半が主体）が対象です。

経営層からすると個々の人材の能力や可能性が未知数な層なので、グローバルに公募をかけ、自ら手を上げさせ、選考をして、60人程度に絞り込むプロセスをとっていました。FGLと同様に女性半分、日本人3分の1程度の構成となっています。

プロジェクトの期間は1年。5人程度のチームを基本的には地域・事業のくくりで組成し、各地域・事業の経営者の問題意識も踏まえてテーマを設定します。プロジェクトを進めていき、その成果を3カ月ごとに柳井社長に報告します。

現場・現物・現実に入り込んで得た洞察をベースに仮説をつくり、関連経営者のところに行って議論し、さらにFRMICアドバイザー（社外有識者）の叱咤激励を受けた上で、柳井社長との討議に臨みます。日常業務を続けながらのプロジェクトなので、相当にハードです。

そうした内容の濃いプロセスを通じて鍛えます。進捗状況はＦＲＭＩＣのスタッフが随時チェックし、成果の見えないプロジェクトは途中で中止になります。その一方で、知られざる逸材がプロジェクトを通して認知されると、その社員は一段上のＦＧＬイニシアティブへの参画を含む次のチャレンジ機会を与えられました。

たとえばある日本人の女性店長は、ずっと夢として持ち続けていた世界的に著名なある会社とのコラボレーションをＭＩＲＡＩプロジェクトで提案し、柳井さんに認められました。

そしてそのプロジェクトのリーダーに抜擢されています。

いずれの枠組みも、ユニクロが抱えている経営課題を見つけて、そこに解決案を出してもらい、実践する取り組みでした。

他の企業でも経営課題を社員が見つけて、それに対して提言するようなプログラムはありますが、必ずしも実践が前提ではありません。ユニクロの場合は実践を前提に提案しなければいけません。

「ごっこ」の提案では済ませられない覚悟が問われますが、成果を出せば自分の未来も拓けます。

経営変革を提案させて、実践させて、成果を出せたら、卒業して昇格します。非常に実践的で、成長を後押しする仕組みといえるでしょう。

この2つの枠組みは柳井さんの後継者を育成するサクセッションプランに連携する形で仕組み化していました。

現在はFGLイニシアティブ、MIRAIプロジェクトはいずれも終了していますが、FRMICが育てようとしている経営者人材が自らのアスピレーションを明確に持ち、それをベースに骨太に企み、実践をドライブし、結果として成長・利益をあげる人であることに変わりはありません。

□後継者育成の仕組み（サクセッションプランニング）

「サクセッションプラン」も2014年時点ですでに始動していました。今も当時から「ポスト柳井」は話題ですが、きちんと仕組み化していきました。

「ポスト柳井」の育成として、最初はGE（ゼネラルエレクトリック）流の後継者育成プログラムを取り入れていました。

GEの後継者育成制度に「セッションCプロセス」があります。各社員の評価とキャリア開発を上司との面談、部内・事業部門単位での討議を通じて決定していく仕組みです。

評価の際には縦軸にパフォーマンス（業績）、横軸にGEバリューを設けますが、GEではパフォーマンス以上にGEバリューを重視します。GEの特徴といえるのが「360度評価」で、上司、同僚、部下、顧客による全方位の評価です。一人につき15人程度に5段階評価とコメントをもらいます。

基本はこの考え方を使って、ユニクロ流にアレンジしました。実際、GEのプログラムをつくったミシガン大学のノエル・ティッシ教授に協力してもらいました。

社内で後継者候補13人を選んで、このプログラムを使って、誰がどこの座標に位置するかをまずはっきりさせます。評価には柳井さんも加わります。それから、ひとりひとりの強みや改善点、伸びしろなどをはっきりさせて、柳井さんの後継者になるためにどのように成長させるかプランを立て、それを実践します。これの繰り返しです。人事と連携して「仕組み化」しましたが、サクセッションプランは内容は進化しながら「仕組み」として根づいています。

２０２３年９月に事業会社ユニクロの社長兼ＣＯＯに44歳で就いた塚越大介さんは、サクセッションプランが始まったときに選ばれた参加者13人のうちの最年少でした。

それから約10年、ＦＲＭＩＣを経て中国事業や米国の責任者を歴任し、22年には再び米国の責任者になって、それまで赤字が続いていて「お荷物」と見られていた米国事業を見事に黒字転換しました。

私から見た塚越さんの最大の強みは、徹底した「仕組み化」とその実践力にあります。塚越さんの社長就任ニュースを見たとき、「仕組み化」の達人を指名された柳井さんの慧眼に感動を覚えました。

柳井さんは23年10月の決算会見でこう述べています。

「私、柳井正は今後もユニクロとファストリの会長兼社長として、従来同様、グループ全体の経営の意思決定および経営執行をやってまいります。念の為申し上げておきますが、私もまだ頑張りますので、どうか会長と呼ばずに社長と呼んでください。心からお願いいたします」

事業会社ユニクロでは肩書から社長が外れましたが、FR会長兼社長として引き続きグループ全体の意思決定や執行を担う姿勢を鮮明にしています。ただ、同時にこうも語りました。

「すでに経営チームが中心となって、次の時代を担う20代30代の経営者候補を発掘し育成するサクセッションプランをつくり、世界各地で実行しつつあります」

「ポスト柳井」を見据えた「仕組みづくり」は着実に進んでいるようです。

第3章

「イノベーション」を促す仕組み

「3倍の法則」と「変革しないと評価されない」評価制度、そして「敗者復活」

3倍の法則――「既存の延長では到底到達できない目標」を設定する

□「常識では考えられない高さ」を設定する

ユニクロには「3倍の法則」といわれているものがあります。これは、ユニクロでイノベーションを起こす原動力になっている考え方です。

「経営者になるためのノート」には、経営者には4つの力が必要であると書いてありました。「変革する力」「儲ける力」「チームを作る力」「理想を追求する力」の4つです。

それぞれ7項目に因数分解できることはお伝えしましたが、「変革する力」の最初の項目が「目標を高く持つ」です。

「目標を高く持つなんて当たり前ですよね」と指摘されそうですが、みなさんの「高い」とユニクロの「高い」は基準が違います。少し背伸びすれば届くくらいの目標ではないからです。「非常識と思えるほどの高い目標」を掲げなければいけません。

柳井さんはよく「大ぼら吹きになってください」と言っていました。常識で考えたらまともとは思えないくらいの高さが、イノベーションをもたらすために必要なレベルになるからです。


では、常識で考えたらまともとは思えないくらいの高さとは、どのくらいの高さでしょうか。

「それはちょっと大ぼら吹きでは」と思われる目標は、どんな目標でしょうか。

それは現在の3倍の高さです。

今、定めている目標の達成が見えてきたら、次はその3倍という、あり得ないほどの高い目標を掲げます。おそらく、3倍なんてどう頑張っても無理だ……と感じるはずです。それでも、達成しなければいけないとしたらどうしますか。現状の延長線上の発想ではどう頑張っても到底達成できないので、新しい発想を必死に考えるはずです。生み出さざるを得なければ、人間は何かを生み出します。

これは心構えではありません。

本気で目指すことが重要です。

実際、柳井正さんはユニクロの売上高が100億円のときには300億円を目指し、300億円のときには1000億円を目指し、1000億円のときには3000億円を目指し、3000億円のときには1兆円を目指してきました。

周囲からは「そんなことできるはずがない」と言われながらも、そのたびにイノベーションを次々と起こすことで達成してきました。大ぼらを吹いて、それを有言実行してきたのです。

余談ですが、私がユニクロに入社した当時は売上高が約1兆円で、次は2020年までに5兆円を目標に掲げていましたが、しばらくして3兆円に修正されました。やはり「3倍の法則」が正しいのかもしれません。

今もユニクロは「3倍の法則」を実践しています。柳井さんが「CHANGE OR DIE」と発言したのが2011年でしたが、20年で売上高は約9倍に成長しています。10年で3倍くらいの成長速度で進化しています。今の売上高は約2・7兆円ですが、第4創業と位置づけて、売上高10兆円を目指しています。

壮大な計画に映るかもしれませんが、柳井さんは「途方もない目標だとは考えていない」と言い切っています。これまでと同じように、常識で考えたらまともとは思えないくらいの高い目標でイノベーションをドライブさせようとしています。

特筆すべきなのは、ユニクロは創業間もないころからこの「3倍の法則」を強く意識していたところです。

ユニクロの会社の基本理念に「経営理念23カ条」があることはお伝えしました。ユニクロの前身の小郡商事時代からの柳井さんの商売の考え方をまとめたものです。17条までは小郡商事時代につくられたもので、小郡商事の経営理念となっていました。

手書きのメモが残っていてアニュアルレポートでも見られるのですが、そのメモに

17条とは別に会社の目標として「年率30％以上の売上高、利益の成長率を維持し、10年後に日本を代表するファッション企業になる」と書いてあります。「3倍」とは言っていませんが、年率30％で成長すれば10年も経たずに3倍になります。このころは自社の売上高が20億円規模にもかかわらず、すでに「日本を代表するファッション企業になる」と、当時の状況からすれば「大ぼら」を吹いているわけです。

当時からかなり目線が高かったことがわかります。周りから「そんな大ぼら吹いて、大丈夫か？」と言われても、その大ぼらを大ぼらではなく、現実に実現し続けてきたのがユニクロの歴史です。

「大ぼらを吹くなんて怖くてできない」と思われるかもしれませんが、これはビジネスの世界では非常に効果的です。

たとえば、日本の企業では「今年度は対前年度比で売上高3％増を目指しましょう」というような目標を掲げがちです。

でも、これでやる気が起きるでしょうか。何か本気で考えて業務変革に取り組むでしょうか。みなさんがその企業の営業職で「3％増」が目標でしたら、前年度の延長で期末だけ頑張れば達成できるイメージが浮かぶはずです。

日々の仕事への取り組みに大きな変化も起きないし、起こす必要もありません。「今までのやり方で頑張ればいいや」となりますし、むしろ、方法を変えない方が効率的かもしれません。

ただ、「3倍を目指す」「年率30％増」と言われたらどうでしょうか。明らかに今までのやり方では到達できません。営業職でしたら、新しい売り方を考えて、新しい顧客を開拓しなければ実現できないはずです。

一営業職だけでなく、組織全体が新しい方法を考えることに力を注ぐようになるでしょう。イノベーションを起こさざるを得ないのです。

□新しいことを常に考え続けてきたユニクロの歴史

ユニクロの歴史を振り返っても、新しいことを常に考え続けてきたことがわかります。

図表7に、これまでのユニクロのイノベーションの歴史をまとめてみました（公式

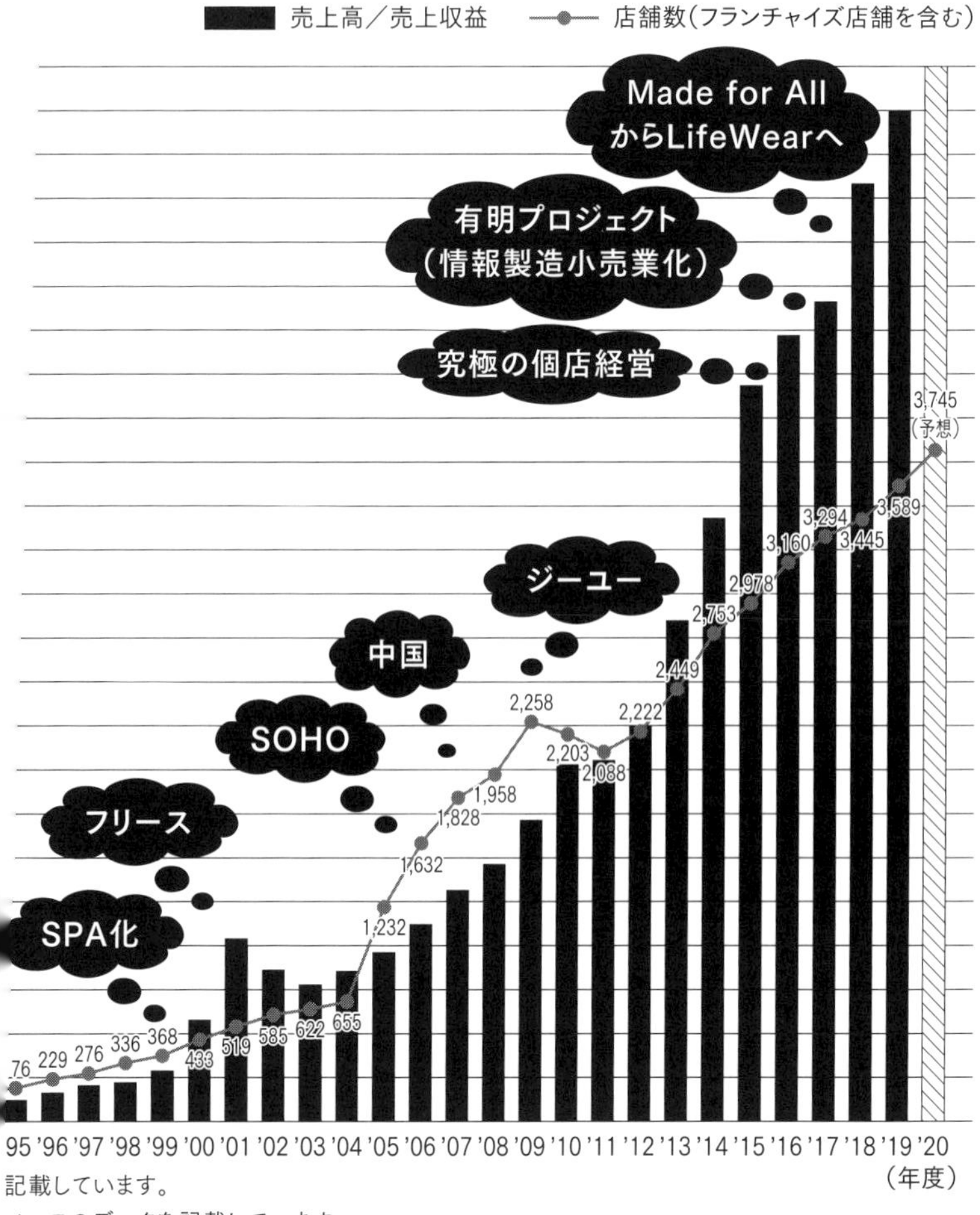

記載しています。

ベースのデータを記載しています。

でも筆者の解釈で、ファーストリテイリングの公式見解ではありません。

図表7 ユニクロの3倍の法則とイノベーションの軌跡

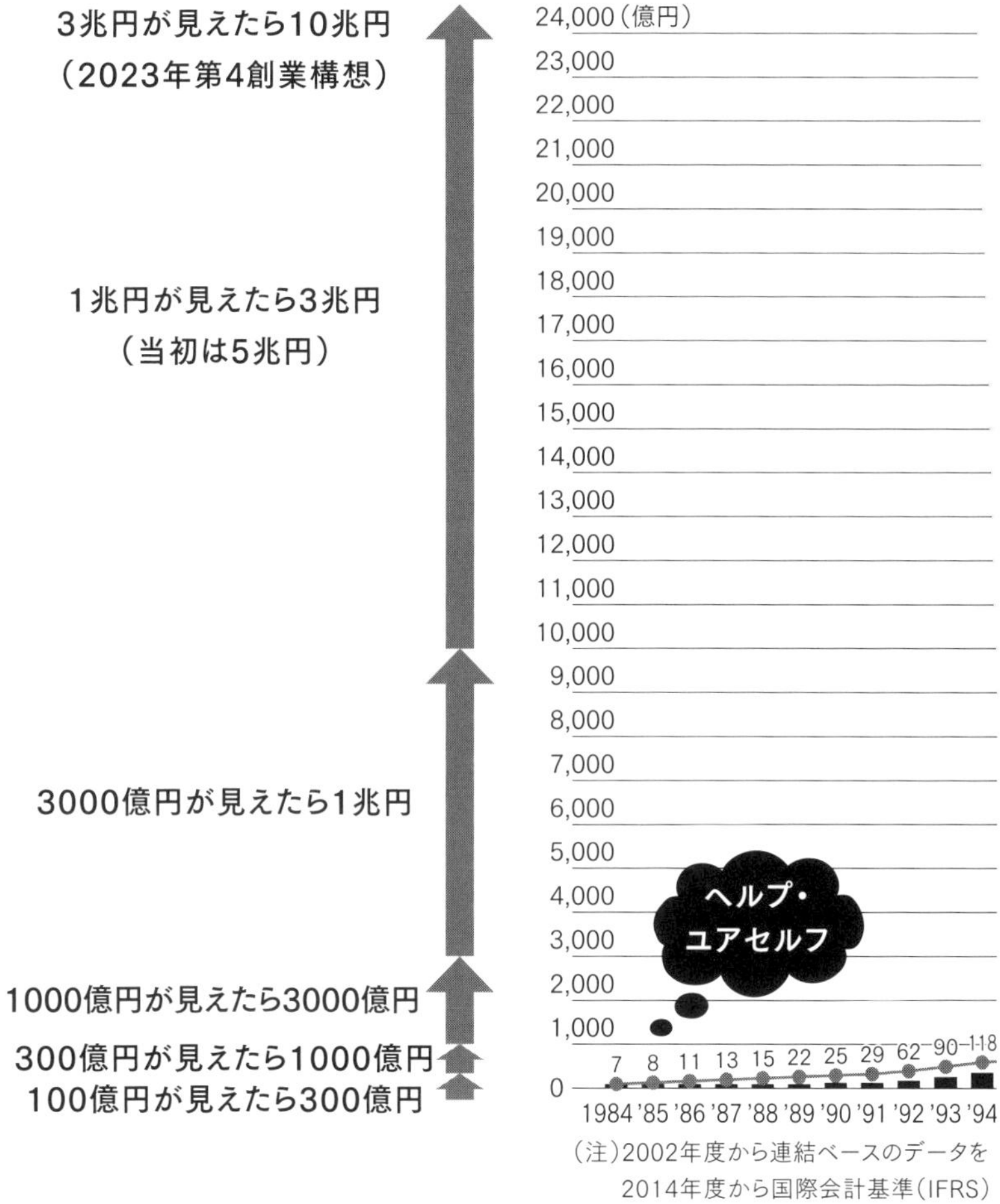

注:データの出所はファーストリテイリング社ホームページ。イノベーションの定義については、あくま

見解ではなくあくまでも私の見解です）。いくつかについてお話をします。

一昔前の洋服店は在庫をあまり持っていなかったので、お客さんが欲しいと思った服が店にないことは珍しくありませんでした。その上、店員が過剰に接客するスタイルが特徴でした。店に行くと店員が一目散に駆け寄ってきて、「何をお探しですか」と接客するのです。

そうしたスタイルを好む人もいる一方で、何も買わずに店を出るのが躊躇われ、接客されたことで欲しくもない服を無理に買ってしまう人も、それが嫌で店に足が向かない人も、決して少なくありませんでした。

柳井さんは小郡商事にこうした伝統的な服の販売とは真逆のスタイルを導入しました。在庫を山ほど置いて、自分で好きなものを選べる。店員も特に接客をせず、必要なときだけサポートする。「ヘルプ・ユアセルフ」という方式で、柳井さんが米国ハーバード大学（らしいです）の生協を見学して、「これからの時代はこれだ」と思って取り入れたそうです。

販売方式と在庫の潤沢さを武器に、順調に成長軌道に乗りますが、当時は服を自社でつくらずに仕入れていました。

ただ、この延長線上だと、大きな成長は期待できません。そこで、1998年に日本を席巻した「フリース」ブームの前あたりにSPA化に着手します。服を企画して、自分たちでつくることにまで手を広げました。小売業から製造小売業へとビジネスモデルを変えたのです。

その後、フリースを大ヒットさせ、地方のロード店舗だけでなく都心への出店も始めました。商品や販売面でも変化を起こしたのです。このころは少しずつオシャレなユニクロに進化していった時期でもあります。

象徴的なのが、米国ニューヨークのSOHO店です。

ユニクロの米国進出の歴史は意外に知られていないのですが、まず、2005年にニュージャージー州に出店しています。今のユニクロとは似ても似つかない売り場で、スーパーの洋服売り場を想像してもらえるとわかりやすいかもしれません。正直、あまり「イケていない」店で、実際、全く売れなくて、在庫も山積みで閉店しました。

「余った在庫をどうしよう、どうにかして売らないと」となって、ニューヨークでポップアップストアをつくって売ったら、思いのほか売れたそうです。当然、こう考える人も出てきます。「実はニュージャージーのような地方ではなくて、ニューヨークのような都市部にニーズがあるのでは」と。そこで、今のユニクロのロゴをつくった佐藤可士和さんを中心に、当時の最高のクリエイターたちを集めて、「最高にかっこいい店」をつくるドリームプロジェクトが立ち上がり、SOHOに店舗を開きました。

実際、オープン当初は毎日大行列ができて、「ユニクロってオシャレなのかも」という土壌が育まれました。このときのSOHO店が、今のユニクロの店舗の原型になっています。今の世界中のユニクロのスタンダードになっているのです。

おそらく、日本で店舗のスタンダードをつくっていたら、ここまで世界に受け入れられてなかったのではとも思います。

ユニクロの変革の歴史を駆け足で見てきましたが、ほかにも近年は「GU」ブランドの展開やこれまで何度か触れた「究極の個店経営」へのシフト、全社DX「有明プロジェクト」も、成長を目指す上での大きなイノベーションになっています。

もちろん、目標を掲げるだけで、イノベーションは起きません。「究極の個店経営」

も、掲げただけでは実現しませんので、第2章でお伝えしたようにさまざまな「仕組み」をつくってきました。

ただ、まずは大きな目標を掲げないと始まりません。現在地から遠かろうが目的地が示されなければ、組織で働く人たちは、どこに向かっていいかわからないからです。目的地を示して、「なぜそこに向かうのか」をまず発信することが非常に重要です。

ユニクロでも当然ですが、柳井さんがいろいろなことを考えて情報発信しています。指示も飛びます。そうすると、働いている人もひとりひとり自分で考えます。この大きな目標を達成するためにはどうすればいいか。そのかけ算でイノベーションが生まれます。

「同じところにとどまることは許されない」

このメッセージを情熱を持ってどのように示すかがポイントです。柳井さんはシンプルです。

「世界一のグローバルブランドになる」という揺るぎのない目標があります。これをずっと言い続けています。そこに達するまではもう手綱を絶対緩めない、油断は絶対しない。

働いている人もことあるごとに柳井さんのメッセージを聞いているので、受け止めざるを得ません。高い目標を設定して、言い続けることで組織を揺さぶり続けているのです。その「仕組み」がうまく機能して、今、10兆円を目指す体制にまで至っているのです。

私の長い戦略コンサルタントの経験からしても、日本企業は「変革する力」、特に「高い目標を持つこと」が得意ではありません。別の言い方をすると経営者リーダーが〝そこそこの経営〟でいいやというアスピレーションしか持っていないということです。「経営者になるためのノート」の4つのほかの力（「儲ける力」「チームを作る力」「理想を追求する力」）は備わっている傾向にあるのですが、「変革する」、「何とかして会社を変える」という意欲に欠けている面は否めません。

「グローバルワンになる」的な目標を掲げている企業は少なくありませんが、お題目で言っているだけの企業が大半ではないでしょうか。どこまで真剣なのかという印象がぬぐえません。

日本企業の多くの経営者の任期は1期3、4年なので、どうしても「自分が在任中は何もなければいい」という保守的な姿勢になり、それが変革する力を失わせているのでしょう。

冒頭にPBR＝ROE（足元の生産性）×PER（将来の成長期待）の因数分解の話をしましたが、ユニクロは仕組み化によって高いROEのみならず、高いPERを創出しています。

つまり、株式市場からはGAFAMと同じレベルに成長力が評価されているわけです。

その成長力の源泉になっているのが絶え間ない変革であり、変革を生み出すけん引力になっている「3倍の法則」なのです。

□「3倍の法則」によって、実際に社員がどのように変わるのか

おそらく、みなさんの中には「3倍にします！と目標を掲げることが現場で働いて

いる人にどのような変化を及ぼすのだろうか」と思った人もいるはずです。

「3倍」といっても、当然ですが、その年や翌年に3倍を目指すわけではありません。早ければ5年、巡航速度で10年くらいのイメージで3倍ですので、そこから逆算して、各年度の目標を定めます。

ユニクロは小郡商事時代には前年度比30％増を掲げていましたが、今はそこまでの高い目標設定はしていません。投資家も毎年2ケタ増くらいの成長を目指していくことで、いずれ3倍に成長するだろうと捉えています（むしろ、投資家は企業が事前に公表している予測を上回って急激に成長しすぎてしまうことを嫌うので、少し目標を上回るくらいの着地で毎年成長しています）。

もちろん、いきなり「3倍」ではないにしても、働いている人たちは他の企業に比べると高い目標を課されますので、これまでと違ったことを求められます。

たとえば店舗でしたら、「究極の個店経営」を本当に実現しようとしたら、毎年新しい施策を考えることになるでしょう。お客さまにいくら好評とはいえ、毎年同じ催しを同じ内容で実施していたら、伸びしろは限られます。何よりもお客さまに飽きられます。

店舗周辺のローカルイベントとの連動を増やしたり、イベントがあるときにはそのイベントに参加するお客さまの需要を想定して特定の商品の仕入れを増やしたり、地元企業のイベントとコラボしたり、それぞれの地域ごとのエコシステムをつくり続ける姿勢が必要になります。今までの店舗の運営を超えた、経営の視点が重要になるのです。

もちろん、「3倍」はあくまでもグローバルでの企業目標です。日本は少子高齢化でマーケットも成熟しているので、どこまで高い目標を掲げるのかという議論は実際にあります。

ただ、「日本はもう市場が伸びないから、仕方がないよね」と諦めてしまっては、会社としては成長が止まります。むしろ、市場が衰退しているからこそ、高い志を持って変革を起こさなければいけないのです。

ですから、「今までの延長線上の発想では無理だと、みんなに考えさせる目標」が欠かせません。

オペレーションを回して店を安定稼働させることは大事なのですが、国内店舗でもどんな変革を起こすかが大きな評価のポイントになっています。「変革をどう起こすのかを現場の店長の考えどころにする仕組み」をつくることで、変革を起こし続けようとしています。

そのため、ユニクロは現場からの提案も積極的に受け入れています。一般的な店舗経営は、本部の指示が全店舗に伝えられて、店長はその方針通りに店舗を回します。一方ユニクロでは、店舗から「もっとこういうふうに変えられるのでは」という提案をどんどんぶつける場が設けられています。

前述した「店舗課題解決ダイレクトミーティング」がそれです。繁忙期を除いた毎月（年7、8回）日本の全店長が東京に集まります。午前中は柳井さんをはじめとする経営者の話や店舗の良い事例を共有して、午後は地域別に約30のグループで執行役員がファシリテーターになって、現場店舗の問題解決を図ります。店舗ごとのオペレーション上の課題に対して、基本はその場で判断して解消します。

現場から問題が上がってきたら、その場で解決してどんどん実行に移します。もちろん、中には経営レベルでないと判断が難しいケースもあるので、その場合は役員会での議案になりますが、そこで即断即決して解決します。

ユニクロでは本部はあくまでも「SSC（Store Support Center）」の位置づけです。店舗を支えるのが本質です。

本部がえらいわけではなく、主役は店舗です。そうした「仕組み」をつくることで、現場には自律性が生まれて、課題も積極的に本社にぶつけやすい土壌ができています。ボトムアップとトップダウンがうまく絡み合いながら機能するようになっているのです。

また、ミーティングを通じて、店舗の声や店舗のお客さまの生の声を吸い上げることは非常に重要です。

商品開発でもお客さまの未充足ニーズを探索しながら、開発に挑んでいます。新素材の開発にも外部の企業と連携して、余念がありません。デジタルデータを活用して、より商品を買いやすい体制をつくったり、サプライチェーンそのものの改革にも踏み切ったりしています。

現場から上がってくる提案や顧客の声を踏まえつつ、トップダウンでどんどん変えていくという良い循環が生まれています。

「変革しないと評価されない」評価制度

□評価に占める育成の比率が高い

イノベーションを促す仕組みとして欠かせないのが評価制度です。「イノベーションが大切だ」「変革しなければ意味がない」「目標を高く持て」と言ったところで、企業側が働く人の取り組む姿勢をうまく評価してあげなければモチベーションは持続しません。

ユニクロの評価制度そのものは珍しいものではありません。「MBO（マネジメント・バイ・オブジェクティブ）」と呼ばれる目標管理制度と「コンピテンシー評価」

を組み合わせた形です。

ＭＢＯは前期の結果から次期の目標を定め、上司がそれを評価する仕組みです。成果主義のひとつの手法として、多くの日本企業でも取り入れられています。コンピテンシー評価は全社員に共通する仕事に求められる能力をいくつかの項目に分け、それぞれを絶対評価します。求められるコンピテンシーのレベルは資格ごとに決めています。

ここではユニクロのＭＢＯについてお伝えします。ＭＢＯを根づかせるには、「何を目標とするのか」「成果をどう測るのか」が大きな課題になりますが、ユニクロはユニークな仕組みをつくっています。

ユニクロのＭＢＯは大きく分けて2つから構成されます。業績面と人材育成面です。人材育成の比重がかなり大きいのが特長です。

「業績の目標設定」に際しては「何を変革するか」を明らかにしなければいけません。何を変えるかがハッキリしていない目標設定は、上司に面談ではねられます。

何を変えるかを明らかにして、そのためのプロセスを設定する。これで半期ごとに評価を受ける仕組みです。

もちろんプロセスでうまく変革を起こして、数字に結びつけば最も良いですが、仮に数字が伴わなくても、プロセスが進捗して変革の兆しがあれば、そこは評価されます。

最悪なのは、既存の延長線上での発想です。既存の延長できちんとオペレーションを回してそこそこの成果を出すことは評価されません。目標設定は変革が大前提になっているわけです。

変革の大きさは自分の部署やポジション、立場によって変わりますが、重要なのは大きさでなく、これまでと違うことをして変化を起こそうとする姿勢です。

たとえば、店舗開発の担当者でしたら、新たな地域特性によりフィットした店舗フォーマットを開発するのは、大きな変革です。

マーチャンダイジングの担当者でしたら、ユニクロが比較的弱い「若い女性」が好むファッション性の高い商品を企画したり、品ぞろえが決して厚くはない子ども服分野を再構築したりも目標になるでしょう。

スポーツ市場も深耕できていないので、特定のスポーツの利用を想定した商品開発やマーケティングを、マーケティング部門と協働しながら仕掛けるのも、大きな変革になるはずです。

つまり、「好調な分野をそのまま伸ばして、売り上げを伸ばします」というありきたりの目標設定とは違う動きが求められているのです。

□飛び出す発想が求められる目標設定

わかりやすいのが店長です。

ユニクロの店舗運営は「究極の個店経営」がベースにあることを、何度かお話ししました。

店舗スタッフが主役の地域に根ざした店舗運営です。本部も、さまざまな工夫の余地をつくるために、権限を店舗に大幅に委譲しています。

たとえば店舗からの発注も、これまで設けてきた数量などの制限を大きく解除し、自由度を拡大しました。当然、店長の裁量は大きくなりますが、責任もまた大きくなります。

目標設定も、その地域にいるからこそ飛び出す発想が求められます。地域の顧客を呼び込み、その心をつかむことを考えなければいけません。

店舗のスタッフそれぞれは、自分の部門、たとえばメンズのアウター部門でしたらメンズのアウター部門で「経営者マインド」を持って働いています。店舗のスタッフはその地域に住んでいる人が多いので、「どのようなイベントがいつ開かれるか」から、「この地域はこの時期にこうした品ぞろえがあった方がいい」という地元民としての生の声を持っています。店長はスタッフたちの意見を聞きながら、全体を俯瞰しながら目標をつくります。

「どのシーズンに何を重点的に仕入れて、売るか」「どういった客層をメインに取り込むか」の戦略を期初に立てます。

たとえば、「今年は地域の運動会需要を取り込む」とした場合でも、考えることは多岐にわたります。保護者が羽織るアウター需要を取り込むだけでも、店舗の地域ごとに家族の形態も人数も平均年齢も、普段の移動手段（交通手段）も全て変わるからです。

地域によって、同じ時期でも売れる商品は全く違うのです。

もちろん、期初に立てた計画通りに売れるかもわかりませんし、売れないかもしれません。

環境そのものが想定とズレれば、売れ行きも変わります。そこは週次の売り上げや売れ行きの傾向から機動的に修正します。

地域のイベントは毎年開かれているので、何年かすれば変革は難しくなります。どうすれば変革を起こせるか。店舗の中には地元の企業などと連携して変革を生み出している店舗もあります。

たとえば、優待クーポンをつくって取引先に配った店舗もあります。店舗界隈の取引先企業に配布したのです。

また、地域の企業と協力して、店舗の中でお互いのことを紹介したり、相互に送客したり、といったことに取り組んでいる店舗もあります。地域のイベントを共同で開催して、地域での存在感を高めて、地域の人に親しみやすさを感じてもらうことでセールスにつなげようとする試みもあります。

店長の意識によってかなり取り組みにバラつきはありますが、高い目標を掲げてうまくいった店舗の取り組みは、全社で共有されています。

店長によっては変革案を生み出すのが苦手な人もいます。こうした良い事例を自分の地域に落とし込むことで、気づきが生まれることも少なくありません。

変革の意欲があればヒントはそこら中に転がっているのです。ユニクロ全体では「この取り組みでこんな成果が出るならば、うちの店舗でも取り入れてみようかな」と好循環が生まれています。これも「仕組み」のひとつです。

「変革をしないと評価されない」のは、役員も例外ではありません。たとえば、私の場合、「教育の原理原則をつくる」という目標を設定しました。私が入社した2012年当時、ユニクロには教育のベースになるものがありませんでしたから、新しい仕組みをつくろうとしました。とはいえ、いきなりつくろうと思ってつくれるものでもありません。

ですから、足場を固めるためにも、最初は現場に入り込んで、課題を解決することに努めました。それを原理原則をつくるためにまずやること（プロセス）に位置づけました。

現場でどんなことが起きていて、どう解決すればいいかを肌感覚でわからなければ原理原則など到底つくれません。

「経営者になるためのノート」の布教を目標とした年もありました。「ノート」の宣教師になってくださいと柳井さんから言われたので、これまで「ノート」があまり浸透していなかった海外でセッションを開くことにしました。開催する地域や国の数を決めて、その1年でカバーする国を今までよりもどれだけ増やすかを設定しました。単に開くだけでは意味がないので、フォローアップの場も設けて、定着化させることも目標にしました。

いずれにせよ、変革と創造を行うことが、ユニクロのMBOのベースにあります。まさに「CHANGE OR DIE」の精神が人事評価にもしっかりと通底しているわけです。

ＭＢＯの評価の50％が人材育成

□人を育てたくなる仕組み

ユニクロのＭＢＯは、大きく分けて業績面と人材育成面があります。人材育成はどの会社も「重要だ」「企業成長の要だ」と口をそろえますが、果たしてどこまで本気なのかと、ユニクロの取り組みを知る私はいつも感じています。

というのも、ユニクロは「人材育成」の人事評価に占める割合が非常に重いからです。

マネージャークラスだと30％、役員クラスだと50％が「どれだけ人を育てたか」で評価されます。

つまり、役員クラスは「業績をどれだけ伸ばしたか」と同じ程度に「人をどれだけ伸ばしたか」が見られているわけです。具体的には、役員は自分の後継者をしっかり育てているかどうかが評価の基準になっています。

役員以外でも、人材育成の目標はかなり具体的です。

たとえば店長でしたら、「店舗スタッフの○○さんのグレード（人事評価の階層）を上げる」「あるグレードのスタッフを○人にする」などです。店舗には通常は店長候補の正社員が（店舗のサイズによって異なりますが）2、3人いますので、「店長候補の人たちを次年度には店長に昇格させる」のような育成目標もよくあります。

もちろん、毎年グレードが上がったり、昇格できたりするわけでもないので「○○さんを○○の状態にしたい」のように定性的な目標もありますが、総じて具体的なのが特徴です。

非常に目標が具体的なため評価もしやすく、公平性も保たれます。グレードが上がったか、昇格したかは、誰の目にも明らかだからです。

ユニクロが人材育成の評価を重くしているのは、「全員経営」を推進するためでもあります。グローバルナンバーワンのブランドになろうとしたら、結局はひとりひとりに自律的に考えてもらって、経営者意識を持ってもらうしかありません。

そのためにはひとりひとりに成長してもらうことが必要ですから、他のメンバーの成長を引っ張ってくれる人を積極的に評価しようということです。非常にシンプルで合理的な発想です。

ただ、日本企業はなかなかこうした考えに踏み切れていません。ひとりひとり考えて動く人材よりも、着実に言われたことをこなす人材をありがたがる傾向がいまだに根強いのです。

確かに「過去の延長線上で未来が読める」世界では、トップダウンの指示を素早く正確にこなす人材が求められていました。

ただ、現代はご存じのように環境変化が激しく、数年前の常識が通じない状況も少なくありません。こういう時代に、現場に日常的に接していないトップや事業部長の判断が必ずしも正しいとは限りません。

過去の経験は豊富ですが、めまぐるしく環境が変わっている「今」を判断するのに必要な情報を十分持っているとはいいがたいでしょう。現場に一番接している、お客さまに最も接している人が、最も課題を見つけやすいはずです。それをチームで共有して、議論して、解決の方向性を見出す姿勢こそが求められています。みんなで考えて、考え続けて、動く。それが変革や創造につながります。

時代の前提として、みんなで考えなければいけない。だから、みんなで考えられるように教育をしなければいけない。ユニクロが人材教育を大事にしている理由は、そこにあります。

自分の評価の数十%を人材育成が占めれば、働いている人は部下を必死に育てる方向に動きます。

ニンジンをぶらさげるわけではありませんが、自分の処遇を大きく左右するのですから、当然です。

「日々のオペレーションで忙しく、なかなか難しくて……」という声もありますが、ＯＪＴで教育することはいくらでも可能です。

たとえば、指示をひとつ出すにしても、単純に「やって」と伝えるのと、「なぜその作業が必要なのか」を原理原則に照らして説明して指示するのでは、部下の受け止め方も全く変わります。同じミスを繰り返さなくなったり、言われたことだけをやるのではなく自分で考えて工夫したり、仕事の進化につなげられます。

□部下との信頼関係を築くには？

人材育成での悩みとしては、信頼関係を築くのが難しいという声がよくありました。いくら指導しても、部下に全く受け入れる素地がない、打っても全く響かない。表面的には「はい」と聞いているけれども、行動に全く反映されない。聞く耳を持たない。

こうした状況だと、いくら人事評価に育成が占めるウェイトが大きいと言われてもお手上げ状態に見えるかもしれません。

「信頼関係がなければ、信頼関係をつくれ」と言われても、何から手を付けていいかわかりませんし、「とりあえず一対一で話してみろ」と言われても、何を話していいか見当がつかないはずです。

いきなり一対一になって会話が弾むようでしたら、すでに信頼関係が築けているはずです。ただ、この難しい状況も「仕組み」を使うことで解決できる可能性が高まります。

私が提案していたのは、上司からの自己開示です。信頼関係ができていないのは「好き」「嫌い」が問題ではなく、大半が「よく知らない」だけだからです。ですから、上司の方から「自分が何者であるか」を開示して知ってもらえばいいのです。

具体的には、私が提唱している「リード・ザ・ジブン」の方法論を用いて、自分のこれまでの半生（人生曲線）とユニクロで自分が何を成し遂げたいか（My Aspiration）を、上司から部下にまず伝えてもらっていました。「自分はこんな人生を歩んできて、こんなことをこれから実現したいんだ」と伝えるのです。

それを踏まえて、今度は部下からも同じように自己開示してもらいます。お互いの自己開示を材料にして、お互いに対する理解を深めます。開示し合って、1時間くらい話すだけでも、お互いのことをかなり深く知ることができます。

部下からすれば、「上司は別格に仕事のできる人」と捉えている場合が少なくありません。

そのような上司が自分の弱さも含めてさらけ出すことで「この人は入社してから順風満帆にここまできたと思っていたけれども、こんなに苦労しているんだ」と急に親近感がわくかもしれません。

上司にしてみても、部下について人事データなど書類上の情報は見ていますが、「どんな思いで会社に入ったのか」までは知らない場合がほとんどです。ですから、自己開示し合う中で、部下に対して「あまり感情を表に出さないけれども、こんな熱い思いを持っていたのか」のように、意外な気づきを得るかもしれません。

そうした部下の価値観を上司が知ることは、人材育成でも非常に重要になります。青臭さや人間臭さこそ共感を生み、本当の意味での信頼が生まれるのではないでしょうか。お互いの弱さや良さを見せ合える組織こそ、強い組織になれるはずです。

人材育成では、上司が部下に何をどう伝えるかももちろん重要です。ただ、いくら素晴らしいことをわかりやすく伝えたところで、それを部下がきちんと100%吸収してくれるかどうかは部下次第です。

信頼関係、共感が根本にあるかどうかで、人材育成がうまくいくかどうかは大きく変わります。

人材育成は企業も成長させる

□部下が自律的に成長する

人材育成を重視する評価制度は、組織自体にも非常にポジティブな影響を与えています。結論からお伝えしますと、ひとりひとりのキャリアを形づくる良い仕組みとしても機能しています。

多くの企業では目先の業績を上げることに必死で、人材育成はどうしても後回しになりがちです。当然、そうなれば現場の育成は自律的な取り組みになってしまい、成長速度にはバラつきが生まれます。

厄介なのは、人材教育には力を入れていても、上司が部下を手放さないパターンです。

自分の部署の業績を上げるために人材を囲い込んで手放さないのです。特定の部下が自分の部署からいなくなってしまうとチームの業績が上がらなくなるため、囲い込み、ひたすら便利使いして、異動させません。これでは部署の業績は上がるかもしれませんが、どう考えても部下の成長を阻害しています。会社全体に部下の成長のことをあまり考えないような空気が蔓延します。長期的には部下は意欲を失い、結果的には業績も頭打ちになるでしょう。

ユニクロはこうした状況とは無縁です。そうした企業文化を支えているのが、人材育成でのキャリア・デベロップメント・プランについての上司と部下の話し合いです。

部下がどのようなアスピレーション（志）を持っていて、それを実現するためにはどういうことをやるのがキャリア形成に意味があるか、そのためにどんな経験を積めばいいかを一緒に考えます。

当然ですが、上司と部下でキャリア・デベロップメント・プランを議論する土壌があるわけですから、囲い込みの発想とは逆のベクトルが働きます。部下を本当に成長させようと思って話し合っているわけですから、自分が囲い込んではいけないと思うようになるのです。囲い込まないことが部下の成長にもつながりますし、それがユニクロの全体最適につながることを、上司も理解しています。上司にとっては部下ですが、自分の人材ではなく、あくまでもユニクロの人材なわけです。

ひとりひとりの上司が部下と向き合い、育てて、他の部門に次の成長のために送り出す行為を続けていれば、巡り巡って他の部署にいる優秀な人材が自分のチームにも加わることになります。ゲーム理論でいう「囚人のジレンマ」からの解放です。

それを会社全体が理解して、実行できれば、いい意味での人の循環が回りだします。個人も成長して、組織全体の力も強くなります。

キャリア・デベロップメント・プランに基づいて、異動や昇格をさせようと上司が判断した場合、対象がマネージャー以上なら柳井さんも加わって会社全体で判断します。

経営トップとしてのチェックが必ず入る「仕組み」があります。たとえば、ある人を中国の国内で異動させるプランがあっても「中国にばかりとどめてどうするんですか」と意見が出て、インドの生産の責任者に配置したケースもあります。

もちろん、個人の成長も大切ですが、組織をより発展させる、成長させるために最適に人材を配置します。

組織と個人の両輪の成長をドライブさせる「仕組み」がユニクロにはあるのです。

□社員が定着する仕組み

積極的に人材育成を評価する「仕組み」が結果的に会社を強くするわけですが、よく言われるのは「そこまで人材育成に力を注いでも、辞める人もかなり多いのでは……労力がもったいなくありませんか」という指摘です。確かにユニクロの離職率は低くありません。

でも、どうでしょうか。ユニクロに限らず、どんなに頑張っても離職者をゼロにはできませんし、これから日本の雇用はもっと流動化するのは確実です。

柳井さんは「当社は結果としての終身雇用」という言い方をたまにしていましたが、理念や価値観に共感してくれる人、同じ船に乗りたいと思う人は乗り続けてくださいという考えです。

ユニクロでなくても、「入社してみたら、価値観が合わない」と感じる人は絶対にいます。

これだけはどうしようもないことでしょう。

ですから、ユニクロでは働く人と企業のお互いがハッピーになるために、同じ船に乗り続けたい人を増やす「仕組み」づくりに注力しています。

わかりやすいのが採用です。

たとえば、面接のときに「経営者になりたいですか」と必ず聞きます。おそらく、みなさんは聞かれたことがないのではないでしょうか。会社に入って何をしたいか、どんなキャリアプランを描いているかなどを聞かれることはあっても「経営者になりたいですか」はないはずです。「そんなこと考えたことないな……」と答えに窮してしまう人も実際いました。

ただ、最近の若い人はネットでそうした情報を事前に調べているので、「経営者になりたいですか」と聞かれる前提で、その答えを用意している人も少なくありません。どこまで自分の本心で答えているのかわからない部分もありますが、目を見ればわかります。ひとつのリトマス試験紙にはなっています。

企業の理念や考え方についての質問も有効です。「ユニクロが目指している『服を変え、常識を変え、世界を変えていく』についてどう思いますか」と聞いたり、「柳井さんをどう思いますか」と尋ねたり。そうした企業の土台に関する質問の反応である程度ふるいにかけています。

もちろん、それでも全ては判断できません。新卒で入社すると、最初は店長候補で店舗に配属になります。「立ち仕事がこんなにつらいとは思いませんでした……」と辞めてしまう人もゼロではありません。

ユニクロが「仕組み化」に長けていても、そこをゼロにするよりは、同じ方向を向いてくれる人を伸ばす「仕組み」を磨き上げていく方が現実的なのです。

イノベーションを促す
その他の仕組み

□若手を抜擢する

ユニクロには、人事評価制度以外にもイノベーションを促す仕組みがいくつかあります。

そのひとつが若手の抜擢です。

ユニクロは「若い」会社です。

事業会社ユニクロの社長の塚越大介さんは、就任が44歳でした。皆さんびっくりしているかもしれませんが、30代で執行役員に就く人も少なくありませんし、昔は20代後半で役員になる人もいました。

柳井さんは、「人間25歳ピーク説」を唱えていました。「人は25歳になれば、どんなことに挑戦しても成果を出せる肉体的・精神的能力を備えている」という考えです。この思いはかなり強く、私は２０１２年に入社した段階で「２０２０年の成長ビジョン実現のために育成すべき２００人の経営者（執行役員以上）のうち、少なくとも３割は20代後半から30代の若手」と目標を課されました。

実際、欧米のグローバル企業の多くは40代半ばまでに最高経営責任者（ＣＥＯ）に選ばれていて（たとえばＧＥ〈ゼネラルエレクトリック〉のジャック・ウェルチ氏やジェフリー・イメルト氏は、45歳でＣＥＯに就任）、20年スパンで経営に長期コミットすることが企業価値向上には有効という考え方もあります。

そこから逆算して、20代後半から30代前半で抜擢して、事業責任者としての経験を積ませながら、経営のプロに育成する仕組みが確立されています。一方、日本の多くの大企業では50代、60代になってようやく社長に就任し、２期４年や６年の任期を務めるのが一般的です。

イノベーションには常識に囚われないアウト・オブ・ボックスの視点が不可欠です。50代、60代では過去の経験にとらわれ過ぎて、大胆な一手を打ちにくくなりかねません。ですから、柳井さんは、修羅場経験をとにかく早く積ませて、早く抜擢して、若者に活躍してもらいたいとずっと言っています。

役員の登用と聞くと、一部の人だけの話なのではと感じるかもしれませんが、ユニクロは役員に限らず、他の会社に比べて総じて若手を抜擢する土壌があります。最もわかりやすいのが店長です。ユニクロは大卒の入社が4月1日ではなく3月1日に設定されています。

春休みが1カ月間短くなります。友人が学生生活最後に遊んでいる間に、店長候補として店に配属されて、新卒入社の中で最速の人では半年で店長になります。大学の同級生が研修を終え、配属されて仕事に少しずつ慣れてきたころに、管理する立場になっている可能性があるわけです。

新卒社員は小さい店に配属されますが、それでも部下は20~30人います。ほとんど全員年上です。そうした現場で店長としてマネジメントする場が与えられます。最速で半年、遅くて2年半で店長になります。20代半ばで誰でも20～30人の部下を持つわけです。

普通の会社でしたら、2年目、3年目は企業の戦力としては仕事をようやく覚えた駆け出しの位置づけです。

一方、ユニクロでは、自分より年上の人が大半の店舗スタッフの組織をマネジメントして、販売計画も立てて、利益も出さなければいけません。

普通の会社で20～30人をマネジメントするとなると、部長クラスでもおかしくありません。ほかの会社では20、30年経って担うことを2、3年で担うわけですから、当然、成長の速度も変わります。

新卒の店長登用はわかりやすい例ですが、前述したようにユニクロには「大きい服を着せる」という言葉があります。その人の今の能力よりもかなり大きなチャレンジを与えることです。

身の丈よりも大きい課題ですので、与えられた人は必死になります。脳みそから血が出るほど考え抜いて、実行しても壁にぶち当たって、もがき苦しみます。その過程で一皮むけて、飛躍的な成長につながります。

「大きい服」のポイントは、ストレッチを求められるチャレンジであったり、修羅場経験だったりすることです。

ちょっと頑張ってできる程度の「服」はあまり意味がないので、普通の企業では考えられない「服」を着せられます。

たとえば、前述したように営業センスはすごいのですが、国内だけで育ってきて英語も全くできない日本人をロシア事業の最高執行責任者（COO）に就かせたことがあります。当然、ロシア語もできません。

本人は泣きながら赴任しましたが、ロシア事業（現在はウクライナ問題もあり撤退済みです）の基盤づくりにすごく貢献してくれました。

中国人のリーダーをインドの生産事務所に赴任させたこともありました。また、私の部下は銀行やコンサルに勤めた後にユニクロに中途入社し、採用や人材育成に携わっていたのですが、いきなりサプライチェーンの担当役員を任されました。本人も信じられないという顔をしていましたが、これまでにない発想で自動倉庫など、サプライチェーンの変革をリードしました。

みんな、辞令が出たときはがっかりしたり、信じられないという顔をしたりするのですが、意外に「大きい服」を着こなします。能力の問題もあるのかもしれませんが、環境に適応して何とかやり遂げてしまうのです。

もちろん、みんなが成功するわけではありません。言葉は悪いですが、うまくいった人事は結果論という側面は否定できません。やってみないとわからない部分はあります。

無謀なチャレンジを課しても、失敗したところでユニクロ人生が終わるわけでもないのが、ユニクロの「仕組み」です。仮にそのチャレンジに失敗しても、ユニクロには「敗者復活」の仕組みがあるのです。若手抜擢や「大きな服」を着せるのに組織としてためらいがないのも、敗者復活でそのリスクを担保しているからともいえます。

□敗者復活の仕組み

「日本企業において出世をする人は、変革をした人ではなくリスクをとらなかった人である」という笑えないジョークがありますが、失敗した人をどう扱うかは非常に重要です。

周りはその失敗した人がどういう扱いを受けるかに注視し、それが積み重なって組織風土が醸成されます。変革や挑戦を掲げる企業は多いですが、変革に挑戦し必ずしも成功するとは限りません。

大きな変革に挑戦すればするほど、失敗の確率は高まります。そうした際に、失敗した人をどう処遇するかで企業の士気は大きく変わります。

ユニクロの歴史を振り返ると、大きな失敗も少なくありません。そのひとつが食品事業です。この事業は会社として特に積極的に取り組もうとした案件ではありませんでしたが、食品事業をどうしてもやりたいという役員が経営会議に提案しました。ほとんどの役員が「うまくいくわけがない」と大反対したのですが、柳井さんだけが「そこまで言うならば、やってみたら」とGOサインを出しました。結局、これが大失敗に終わって特別損失を8億円計上しました。

「やりたい」と言い出した役員が辞表を胸に忍ばせて柳井さんに報告に向かうと、柳井さんに開口一番に「会社を辞めようなんて思わないで、損失分をちゃんと返してからにしてください」と言われ、退職を思いとどまったそうです。半沢直樹の「倍返し」より前の話です。

その後、彼は降格して、人事やマーケティングの仕事をしていたのですが、2010年にGUの社長に就任します。

彼は当時のGUの「ユニクロの7掛けの普通の商品」というイメージを刷新し、「YOUR FREEDOM 自分を新しくする自由を。」というコンセプトを根づかせて、今ではユニクロとは別のブランドとして確立しています。GU中興の祖である柚木治さんです。

また、今のユニクロのグレーターチャイナCEOの潘寧さんも、敗者復活の仕組みで復活したひとりといえます。

彼は中国から日本に留学して大学院まで卒業して、学んだ知識をどこかの会社で生かしてみたかったそうです。そこで、1994年に店長を募集していたユニクロに応募します。頭角を現して、2001年に中国事業の責任者を任されます。

上海と北京に数店舗ずつ出店します。当時の中国は購買力がなかったので、日本よりも廉価の製品をつくって売ったのですが、全く売れませんでした。結局、撤退することになり、潘さんは日本に帰り、事業開発セクションで働くことになります。明らかな降格です。

ただ、もともと優秀な人ですから、2005年に香港事業の責任者として潘さんに再び声がかかります。そこで彼は前回と大きく方針を変えます。中国の中産階級の勃興に着目し、そこにターゲットを絞ります。そのときはまだ中国といえば購買力が低いと思われていましたが、前回の「安かろう、悪かろう」の失敗を踏まえて、あえて日本の商品をそのまま持っていきました。

そして、日本発のグローバルブランドであることをアピールし、価格も日本より高くすることで、大成功を収めます。

その後、香港での成功モデルを引っ提げて中国市場に乗り込み、快進撃を続け、2023年8月期でグレーターチャイナは売上高6202億円、営業利益1043億円という、ユニクロのグローバルビジネスの屋台骨になっています。

「新しいことにチャレンジしろ」と言われても、誰もが「失敗したらどうしよう」と及び腰になりがちです。会社員ならば、失敗すれば、人事評価に響き、最悪のケースでは降格につながるからです。

ですから、チャレンジだけでなく、敗者復活をセットの「仕組み」にすることで、大胆に取り組める土壌が生まれ、イノベーションを生みやすくなります。

ユニクロの場合、降格は珍しくありませんが、頑張れば復活できるので「失敗は勲章」の感覚でみんな前向きにチャレンジできています。

□立場が人をつくる

ユニクロでは失敗はマイナスにはなりません。失敗を恐れずにチャレンジできない方が問題です。

ただ、あれほどの大組織になると、知らず知らずのうちにチャレンジできなくなっている人もいます。

責任ある立場に立ってもそのままなんとなく日々を過ごしてしまう、今あるポジションに滞留してしまうケースもあります。そうした人たちをチャレンジさせる「仕組み」もあります。

たとえば、店長になってからグレードがなかなか上がらない人がいました。半年から3年程度で店長になり、本来ならば30代後半から40歳くらいまでにはマネージャークラスになっているはずなのですが、3割程度が全く昇格していなかったのです。この滞留店長問題を何とかしないと組織の活気が失われるということで、当時、人事担当役員を兼務していたこともあり、なかなか上に行けずに滞留していた店長たちを集めセッションを行いました。

柳井さんから、彼らに「失敗してもいいからチャレンジしてみませんか」と投げかけてもらい、「昇格して、チャレンジしませんか。その代わり、そこで2年間、頑張ってみて、パフォーマンスが出なかった場合はもとのポジションに戻りますけど、どうですか」と選択肢を提示しました。多くの人は、チャレンジしてくれました。

会社としても、昇格できないでモヤモヤしている層をどうにかしたかったですし、彼らも彼らで現状を打破したかったため、この仕組みはうまく回りました。吹っ切れたように高いパフォーマンスを発揮してくれる人も少なくありませんでした。昇格できない割合は激減しました。

「大きい服」を着せるのと同じで、立場、ポジションが人をつくります。くすぶっている人にポジションを与えられるのも、失敗が許される土壌があることの裏返しです。全員が変革を起こすための「仕組み」がうまく回っているから可能になるのです。

第 4 章

□

経営スピードを高める仕組み

“高速PDCA”と即断・即決・即実行

「週次PDCA」サイクルを回すことで成長をドライブ

□現状維持をよしとしない

繰り返し述べている通り、ユニクロは現状維持をよしとしない「CHANGE OR DIE」の会社です。現状にとどまるくらいならば、失敗してもいいからチャレンジしろと推奨する風土があります。

チャレンジすることで場数を踏めば、失敗したとしても、結果的には成長につながります。これまでの延長でのわずかな増益よりは、大きな挑戦での失敗による学びの価値を重んじます。

挑戦し続けさえすれば誰でも成長できます。

とはいえ、自律的なチャレンジが難しいのは、これまで何度かお伝えしてきた通りです。「チャレンジしましょう」と言ったところで、チャレンジできる人は言われないでもしていています。

重要なのは、言われるだけではなかなか踏み出せない人をチャレンジさせる「仕組み」です。組織として判断と実行を社員に迫る多くの「仕組み」をつくらなければいけません。

ユニクロで成長を促す象徴的な取り組みが「週次ＰＤＣＡ」です。どんなに遅くても週単位で、どのような部門や店舗でもＰＤＣＡサイクルを回しています。

ＰＤＣＡとは計画（Ｐｌａｎ）、実行（Ｄｏ）、評価（Ｃｈｅｃｋ）、改善（Ａｃｔｉｏｎ）のことです。目標が決まったら、目標までの道のりを逆算して「計画」を立てます。その計画を「実行」に移しながら、目標と現実のギャップを「評価」し、認識します。それを踏まえて「改善」の手を打ち、軌道修正を図ります。

これがＰＤＣＡサイクルです。このサイクルを繰り返し、ひたすら回し続けることが、経営においては非常に重要です。

みなさんの中には、もしかするとＰＤＣＡを厳密に意識しないで働いている人もいるかもしれません。目先の仕事がたくさんあるので、ひとつずつ、一生懸命片づけていく。それだけで充実した気持ちになり、達成感を覚えてしまう。そんな人も少なからずいるはずです。

では、ＰＤＣＡを回さないと仕事はどうなるかというと、「成り行き任せ」「行き当たりばったり」になりがちです。ですから、ＰＤＣＡを回さなければ、企業経営は遅かれ早かれ行き詰まります。

経営はいずれ成り立たなくなるのですが、多くの企業はＰＤＣＡを実行していなくても成り立っています。日々の業務は意外と成り行き任せ、行き当たりばったりでも回ってしまうからです。

ただ、それでは未来はありません。

ＰＤＣＡサイクルをしっかり回すには「いつまでに1周させるか」と、あらかじめ周期を決めておく必要があります。たとえば、会社の中期経営計画に沿って3年、5年といった中長期的な周期では必ず必要になります。あるいは、決算期に合わせて1年、さらにそれらをブレイクダウンして、6カ月（半期）、3カ月（四半期）でもいいかもしれません。

ユニクロはこれを週次で回しています。もちろん、月次、週次で回している会社はほかにもありますので、この周期自体は特筆すべきものではありません。ユニクロがすごいのは、全社レベルで週次でPDCAサイクルを回している点です。毎週、徹底的な評価（チェック）とそれに基づくアクションの決定が行われます。

前週の課題を吸い上げて、対策を協議し、その日のうちに議事録が全社員に共有されます。

ユニクロでは重要な事項は月曜日に決まります。まず、8時から全役員が参加する会議が開かれます。

これは企業として重要なトピックを議論したり、共有したりします。

その後、9時から10時まで部長会議が開かれます。ここで週次のPDCAサイクルを回しています。

A4サイズのホチキス留めの分厚い資料が配られ、そこに前週の売り上げの結果が記載されています。商品カテゴリーごと、店舗ごとに対前年度比の実績や年度計画に対する進捗率が記載されています。

未達の場合はハイライトされています。

細かくそれを一項目ずつ読んでいる時間はないので、そのデータとは別に、商品担当の役員や営業の担当役員が前週の結果とそこから見えてきた課題、やるべきことをまとめた資料で議論は進みます。

そうした定量データとは別に、柳井さんの定性データも共有されます。柳井正さんはゴルフに行った帰りなどにフラッと店舗を見て回っています。そこで柳井さんが気づいたことなどが共有されます。

経営トップ自ら定期的に現場を見ているのは、PDCAを回す上でも非常に意味があります。それらをもとに議論しながら、必要に応じて細かい数字の資料を参照します。

その上で、前週の結果をレビューしつつ、今週はどのように軌道修正するかをその場で即断、即決します。

10時に会議が終わると、即実行に移すわけです。

部長会議には、営業や商品に関係ない役員や部長も全て参加します。教育や人事の担当役員だった私も参加しましたし、広報など直接的には営業に関係ない部門でも、本社に勤務している部長職以上の全員がここでの情報を共有します。私が在籍していた当時は70人くらいの規模でした。

もちろん、柳井さんも出席します。長年、戦略コンサルタントとして多くの企業を見てきましたが、幹部が勢ぞろいで週次で全社規模のPDCAをしっかり回しているのは見聞きしたことがありません。このスピードで回しているので、当然、現場も非常に機動的に動けます。

会議での柳井さんの問題意識は非常にシンプルでした。シーズンに先駆けて、先行的に品出しをして、お客さまの需要も刺激しながら、需要を取り込み、次のシーズンに移る。

アパレル業界のみならず小売業の鉄則です。理屈の上では、対前年度の売り上げや計画に対する進捗が、週次でリアルタイムにわかるので、それを見ていれば機会損失は防げます。

たとえば、季節性の商品の動きが遅くて、このままだと確実に在庫がさばけないと感じたら、早めにセール品にすればいいわけです。

ただ、言うは易しで、これを実践するのはなかなか簡単ではありません。需要の後追いになって、品出しが遅れ、在庫をさばき切ないことはありがちです。

だから、そうした事態を避けるために数字をしっかりと見る「仕組み」を使ってチェックをしなければいけません。

□迅速な方向転換を可能にする

アパレル業界では、計画の修正を迫られることはよくあります。

たとえば、ユニクロでは冬物が最もよく売れますが、いつ品出しするかは見極めが簡単ではありません。

前年度は早めにダウンを品出ししてよく売れたからといって、今年度もそれを踏襲しようとしても、経済環境も違えば、気候も違います。暖冬でしたらダウンの売れ行きは当然ながら下がる傾向にあります。

暖冬が見込まれるのにダウンばかり押したら、店舗全体の売れ行きは芳しくないはずです。

とはいえ、冬になっても秋物主体の製品群ではニーズはつかめません。年によって判断は変わるのですが、週次でチェックしていれば、計画が狂っても、店舗で在庫を抱えすぎる可能性は小さくできます。

あまりにもニーズとかけ離れた展開をしている店舗にも、迅速に改善の指示を出せます。

計画段階で需要を低く見積もってしまうケースもあります。週次の実績をチェックしていると欠品が起きていることもわかります。たとえば、子供服のシャツがいくつかの店舗で欠品だとします。

当然、その問題を解決しなければいけません。在庫が倉庫にあって、届いていない物流の問題なのか、それとも在庫そのものがないのか。前者の問題でしたら物流の改善に着手します。

後者でしたら生産計画そのものの見誤りですので、すぐに対応できるものではありません。生産部門にフィードバックして、次年度以降の生産改善につなげます。

会議の資料には、売り上げデータのほかにお客さまの声も載っています。年間で約3700万の声がユニクロには寄せられますが、会議ではネガティブな声の比率がどのくらいか、実際にどのような声があるのかもチェックの対象になります。ユニクロのどういう点にお客さまが不満を持っているか、そういう声に対してどう対処するべきか。

それぞれの声に、担当の役員が改善策を述べます。それに対して、柳井さんも意見して、どこに原因があり、何をすべきかをその場で決めます。商品に問題があるときもあれば、店舗の接客に問題があるときもあります。問題は大小ありますが、とにかくお客さまの声に耳を傾けます。

柳井さんも「お客さまのその期待を超える」ことの大切さを、いつも言っていました。

みなさんの中にはＰＤＣＡの重要性について頭では理解し、実際にＰＤＣＡサイクルを回そうと思って仕事に取り組んでいる人も少なくないはずです。しかし、多くの場合、なかなかそれが続かずに止まってしまっているのではないでしょうか。これは、Ｐ、Ｄの後のＣ、Ａがうやむやになってしまうからです。

評価（Ｃ）がないと、同じ計画（Ｐ）の実行（Ｄ）を繰り返すだけになります。同じことを何度も繰り返すのですから、失敗の反省が生きません。そもそも、何が失敗かも気づけません。

ユニクロは月曜の部長会議で徹底的にチェックします。当然、計画の修正と実行のスピードが変わります。

店舗で次のシーズンに向けた陳列のシフトが遅れていても、定期的にチェックがなければなかなか改善されません。人間は環境の生き物ですから、問題があってもずるずると放置しがちです。

毎週、部長以上の全員が顔をそろえた場でチェックされることで、担当者は迅速に対応せざるを得なくなります。

いい意味での緊張感が生まれます。

もちろん、ＰＤＣＡをうまく回すには、ＡＩ（人工知能）を使うなど最新テクノロジーの活用も重要ですが、フェイス・トゥ・フェイスで顔を突き合わせて、緊張感を持つことで実効性が高まっている側面は大きいでしょう。

□実行しなければ意味がない

ただ、チェックして修正案だけ共有しても、実行しなければ意味がありません。常に大切なのは実行です。

もちろん、週次でチェックしていますので、翌週になれば取り組んでいるか取り組んでいないかはデータで明らかになるのですが、週次ＰＤＣＡをさらに加速させる「仕組み」をユニクロは備えています。

月曜日の部長会議で議論・決定されたことは幹部社員だけでなく現場の隅々までしっかりと方針が伝わり実行されているのです。

月曜日の10時に会議が終わると、各本部からメールで、全店舗に月曜の部長会議の内容が通知されます。

「今週は先週までの方針をどのように軌道修正するのか」など、大きな方針が伝えられます。ユニクロでは営業本部長の下に地域ごとにブロックが分かれていて、それぞれブロック長がいます。

そして、それぞれのブロックはさらに細かいエリアに分けられていて、エリアごとにスーパーバイザーがいます。スーパーバイザーが6、7店舗を管轄していて、店舗ごとに店長がいます。

全体に情報が共有された後は、ブロックごとに各店舗で実践できているかを確認します。改善されたプランのチェックです。スーパーバイザーが自分の担当店舗で月曜会議で決まった方針が実践されているか、軌道修正されているかを実際に店舗を巡ってチェックします。

これが「やりっぱなしにしない仕組み」です。もちろん、スーパーバイザーも地域によっては、1日に担当店舗を全て見に行けないケースもあります。しかし遅くても2、3日以内には改善された方針が実行されているか、そのことで店舗はどういう状況になっているかを現場・現物で確認します。

ユニクロがすごいのは、この週次ＰＤＣＡによって、会議に参加していない現場レベルのスタッフの動きも、機動的に修正と実行を繰り返す「仕組み」として機能しているところです。

ＰＤＣＡは経営幹部には必須ですが、ユニクロでは現場のひとりひとりも週次のＰＤＣＡを意識して仕事を回しています。毎週、数字が出るし、スーパーバイザーのチェックもあるわけですから、本部の方針を受け止めつつも、現場レベルで判断しなければ回りません。

改善しないと、サボっていることもすぐにバレます。

日本企業はいまだに減点主義の会社が多く、経営者の中にも「石橋をたたいても渡らない」意思決定をする人が少なくありません。絶対にリスクをとらないのです。一方、ユニクロでは上司にいちいちお伺いを立てず、意思決定が遅くなるくらいならば、現場で決めてしまいます。

もちろん、間違うこともあるのですが、間違ったら修正してやり直せばよいと考えます。会社全体が週次で方針を変えることもあるわけですから、軌道修正にあまりためらいは生じません。

決断しないでやらない方がリスクがあり、多少間違っていても挑戦することにメリットがあるということが、価値観の土台として働く人に広く根づいています。言葉は軽いかもしれませんが「やってみないとわからないし、もし間違っていてもいいよね」という文化が着実に育っています。だから、みんな跳ぶことができるのです。そして、高成長を遂げているわけです。

どんな失敗にも学べる部分があります。失敗も経験のひとつです。重要なのはＰＤＣＡを継続して回し続けることです。

チャレンジし続けて経験がたまることで、成功確率は上がり、間違う確率は下がります。

成長しない人はいません。問題は成長できる環境に身を置けるか、どのくらいのスピードで成長できるかです。そのカギを握る「仕組み」が週次ＰＤＣＡなのです。

即断・即決・即実行

□意思決定のスピードを重要視する

企業には持続的成長が欠かせません。とどまっていては成長がありません。当然、成長に向けて、新しい手を打ちますが、全てがうまくいくことはないでしょう。状況を踏まえて、ダメならば素早く撤退するのがセオリーなはずです。

ところが、日本企業の場合は、そうした経営者をあまり多く見かけません。過去を否定できないのです。

実際に、企業のトップが方針を決め、多額の投資をした事業や店舗がうまくいかなかった場合、同じトップが自己否定をして、方針転換することは、「世間体」や「社内の立場」を考慮してしまうとなかなかしにくいものです。

その結果、無駄な時間を過ごす中で雪だるま式に膨らんだ赤字を、次の経営者が処理することになります。

下手をすると企業そのものが傾きます。

ユニクロはこうした悪しき風習とも無縁です。環境変化に応じて、その時々において正しい選択をとにかくスピーディーに選ぶことを優先します。

それだけ意思決定のスピードを重要視しています。過去に自分たちが決めたことを否定してもいいから、正しいことをやる。そのような「仕組み」ができあがっています。

「朝令暮改」という言葉は、言っていることをコロコロ変える首尾一貫性のなさ、というネガティブなニュアンスで使われることが多いです。ところが、ユニクロでは「朝令暮改」どころか「朝令朝改」という言葉があり、ポジティブなニュアンスで使われています。

朝決めたことを、夕方ではなく、朝のうちに変えてしまうくらいのスピード感があるということです。

私がユニクロにいたときには「これは朝令暮改ではなく朝令朝改だな」とよく感じていました。環境変化の兆しを感じたら、朝令朝改くらいのスピード感で、過去に決めたことにとらわれず、前言撤回になっても、周囲に何を言われようと変えてしまいます。

念のためですが、「朝令朝改」とは、言っていることがコロコロ変わるという意味ではありません。実際、柳井さんのビジョンは全くぶれていません。それは小郡商事時代に定めた「経営理念23カ条」がいまだに根っこになっていることからも明らかです。

ただ、目的にどうやってたどりつくかの手段が臨機応変に変わっています。その時々のベストな方法を、過去に縛られずに選択する勇気が並外れているのです。即断・即決・即実行を、大小さまざまな場面で徹底しているのです。

そして、柳井さんは「即断・即決・即実行」と、働いている人の耳にタコができるのではと思うくらい、繰り返し説いています。

実際、ユニクロはこれまでも多くの失敗をしてきましたが、大きな痛手を負わずに拡大成長できてきたのは、「即断・即決・即実行」を貫いてきたからでしょう。過去にとらわれずに選択する勇気を持って、実行し続けてきたから今のユニクロがあるのです。

たとえば、ユニクロの大きな新規事業としては1990年代では新業態「スポクロ」「ファミクロ」、2000年代に入ってからは海外初進出となる英国での店舗展開、さらに食品事業への進出（前述）が挙げられます。

スポクロ、ファミクロは、97年10月に出店を開始し、それぞれ9店舗を出しました。

スポクロはスポーツウェアとして着られる普段着、シューズなどを集めた業態で、ファミクロは女性、子供向けなどファミリーカジュアルを扱う店でした。しかし、売り上げは伸びませんでした。原因はいろいろ考えられますが、ユニクロとの明確な差別化ができなかったことが大きく、また両業態の品ぞろえのため、ユニクロから商品を回したことにより、ユニクロにも欠品が発生するなどの影響が出ました。つまり、ブランドが食い合ってしまって、いずれの業態も中途半端な状態になってしまったのです。

売り上げ計画を達成できず、スポクロ17店、ファミクロ18店をオープンした時点で中止を決めました。

2001年9月には、英国ロンドン市内に4店舗をオープンしました。海外への初進出先として英国を選んだのは、米国ほどマーケットが大きくなく、また外国企業の参入にも比較的開放的だと判断したからです。

その後、順調に出店し、21店舗まで店舗網を拡大しますが、問題が生じました。家賃や人件費、工事費などコストが膨らみすぎたのです。当初、設定した3年で50店舗という目標を優先させたため、効率や採算といった店舗経営への目配りが不足していたことが原因でした。

結局、収益性の低さから脱し切れずに、03年3月、ロンドン市内とその近郊にある5店舗を除いた、16店舗を閉鎖すると発表しました。

最後に食品事業への参入です。前章でも少し触れましたが、02年9月に事業子会社のエフアール・フーズを設立し、同年11月から「SKIP」というブランドでネット販売と会員制販売をスタートさせました。

高品質の野菜や果物、米、卵、牛乳といった食品を、国内約600の契約農家を通じ、産地直送するのが売りでした。メディアでもかなり話題になったので覚えている人も多いのではないでしょうか。

翌年5月には松屋銀座に1号店を出し、その後も店舗網を広げましたが、思うように拡大できませんでした。

味は良いと評判でしたが、価格が食品スーパーよりも割高で、十分な顧客を獲得できませんでした。そして04年3月、事業子会社の解散を発表することになりました。

これらのケースで共通するのは、成長が望めない、または利益確保が難しいと見るや、撤退や規模縮小を即座に決定していることです。即断・即決・即実行を徹底しています。

スポクロ、ファミクロはオープンからわずか半年、英国での店舗閉鎖と、食品事業からの撤退は1年半を経過したところで結論を出しています。これは上場企業の新規事業としては異例の短さといっても言いすぎではありません。

新事業や海外進出は、一般的に経営者や担当者の熱意や思い入れが大きいものです。食品事業も発案した役員を除くと大半の役員は難色を示しましたが、柳井さんのGOサインで実行されました。

ただ、始めるのも早ければ見切るのも早いのが、ユニクロの最大の特徴です。結果的に的確な判断を下したわけです。柳井さんの著書『一勝九敗』（新潮社）には、撤退に関する記述があります。

「問題は、失敗と判断したときに『すぐに撤退』できるかどうかだ。〈中略〉短期間のうちに撤退後の方針を決め、人員の再配置を決める。だらだらしていたらその分、損が膨らんでいくばかりだ」

まさに即断・即決・即実行の精神といえるでしょう。

□即断・即決・即実行を「仕組み」として機能させる

経営者レベルでの即断・即決・即実行についてお伝えしました。環境の変化がめまぐるしい中、経営の舵取りを臨機応変に変えるためにも、企業の意思決定にはますますスピード感が欠かせません。

ただ、大きな戦略レベルだけでなく、即断・即決・即実行は日々のオペレーションでも当然ながら不可欠です。

特にアパレル産業は変数が大きいビジネスです。その年ごとの気候で売れ筋がガラッと変わりますし、世の中のファッションのトレンドの移ろいも最近は速くなる一方です。そうした外部環境の読み違えで、在庫を抱えてしまうときも当然ながらあります。

店舗としては在庫を抱えたくありません。一着でも多くさばきたいので、セール品にしてでも、どうにかして売り切りたいのが本音です。

ただ、一方で「今まで全く売れなかった商品を陳列して売れるのか」という懸念もあります。店舗のスペースは限られていますから、それまで売れなかった商品を陳列するのは良い判断なのか。むしろ、売れ筋の商品を仕入れて並べるべきなのではないか。売れない在庫を並べることで、店舗全体の売り上げが下がって悪循環に陥らないだろうか。在庫を損切りする勇気を出すべきではないだろうか。

こういう場合に即断・即決・即実行が求められるわけです。

日々のオペレーションの即断・即決・即実行は、企業を腐敗からも守ります。

柳井さんはよく「大企業病」という言葉を使っていましたが、組織が大きくなると、機能分化して、それぞれに人が増えて、どんどん肥大化してしまいます。当然、経営の意思決定のスピードは、企業が大規模化すればするほど、どんどん遅くなります。それは大企業の宿命でもあります。

だからこそ、柳井さんはユニクロが大きい企業になっても、ベンチャー企業のスピードで経営をしなければいけないと強調していました。そのためには経営幹部だけでなく、現場も含めて即断・即決・即実行を「仕組み」として機能させなければいけないのです。

経営にはスピードが必要だとは誰もが言いますが、柳井さんはその思いが人一倍強いはずです。

出店や進出といったプラスの方向と同様に退店や撤退といったマイナスの判断にも時間をかけてはいけない。こういった企業の姿勢は、「ファースト」(FAST)と「リテイリング」(RETAILING)を組み合わせた社名からもうかがい知ることができます。

□DXを推し進める

先ほど、即断・即決・即実行の事例として、事業撤退や縮小を挙げましたが、もちろんほかにもあります(というよりも、ユニクロは即断・即決・即実行だらけです)。

たとえば、システム開発を外注して、上場企業としてもかなりの額を投じていたのですが、あまりにも使い勝手が悪かったため、損切りして新しく一からつくり直したことがあります。

DX（デジタルトランスフォーメーション）を進めるためにコンサルティング会社と合弁会社をつくりましたが、これは2年余りで解消しています。事業の見切りは非常に早いです。

「せっかく着手したのだから」「お金をすでにかけていて、もったないから続けなくては」というサンクコスト的な発想は皆無なのです。

「今、何がベストか」が唯一にして最大の判断軸であり、行動の原動力になっています。

人材登用も即断・即決・即実行と前にお話ししましたが、全く専門外だったり、経験がない部署に配置転換させたりも珍しくありません。「大きい服」を着せて育てたり、ちょっとくすぶっている人に全く違うポジションを与えて、新しい視座で能力を発揮してもらったり、そうすることで部署を活性化させます。

これは、即断・即決・即実行でないとやりづらくなる面もあります。「適性はどうだろう」「語学力はどうだろう」と考え始めたら、到底できるものではありません。とりあえずやらせてみる。その無謀さと紙一重の即断・即決・即実行が成長のエンジンになっています。

最も即断・即決・即実行を求められるのはやはり現場です。たとえば、店長が現場で起きている課題やトラブルに対応するために、その都度、上にお伺いを立てていたら現場は回りません。

その場で判断して、実行するのが原理原則です。

「一般的な企業とはかなり違うな」と思われたかもしれません。確かに、何が現場で起きているかを逐一報告させる企業もあります。現場で問題が起きたら、本部の確認がないと現場では机ひとつ動かせない企業もあります。現場を過度にコントロールしたがる企業もあります。

もちろん、ユニクロでも事案によってはスーパーバイザーやブロック長、営業本部長に報告をしますが報告のための報告ではなく〝Bad News First〟で、何か重大なことが現場で起きた時には即座にエスカレーションをすることは非常に重視されていますが、日々のオペレーションの意思決定は現場に基本的に委ねられています。「究極の個店経営」で打ち出しているように、ユニクロの主役はあくまでも店舗であり、店舗スタッフです。現場で判断するのがベストという発想に基づいています。日々のオペレーションは、店長が最終判断すべきということになっています。「それはちょっと荷が重いのでは」と感じたかもしれません。たとえば、イレギュラーのことが起きたとき、そこで判断して、修正して、実行するハードルは確かに低くありません。

でも、即断・即決・即実行の軸は非常にシンプルです。その際に判断や意思決定の基準になるのが、第2章で紹介した「経営者になるためのノート」だからです。「過去に縛られずに自己否定を恐れずに、即断・即決・即実行！」といっても、店長やスタッフが感性で判断していいわけではありません。ユニクロの理念やそれを支える原理原則に基づいて判断してくださいということになります。マニュアルだとその状況に合致する記述がないと対応が難しいかもしれませんが、原理原則は考え方でしたね。考え方の軸に則れば、想定していないケースでも大半は対応できます。

裏返せば、何を考え方の軸にするか、そしてその原理原則を理解していたら、上にお伺いを立てなくても、大きく間違えた判断はしません。

本書を開くまでは、理念や原理原則と聞くと絵空事に思えた人もいたでしょう。ユニクロでは絵空事に終わらせず、「仕組み」で血肉化することで、即断・即決・即実行につなげています。

確実に実務の役に立たせているわけです。

原理原則を理解していれば、大胆な一手が打てます。地域で大きなイベントがあれば現場の判断で思い切った発注を判断できますし、在庫が積み上がっている商品があっても損切りして、売れ筋の商品だけを大量に仕入れるのも店長判断で可能です。

即断・即決・即実行は「要らないものをすぐ捨てることができるか」と表裏の関係にあります。

過去のしがらみにとらわれすぎずに、要らないものを手放せるか。日常的に何気なく意思決定しているオペレーションを止めるとなると、多くの人はリスクを考えるはずです。でも、リスクしかない選択はありません。リスクがあればベネフィットもあります。リスクよりも、やめることのベネフィットの方が企業にとってプラスと判断して切れるか、そこの覚悟や勇気を求められます。

ただ、恐れることはありません。

重要なのは、何をとって何を捨てるかを明確にすることです。

ユニクロが商売で何を大切にしているかを考えると、それはお客さま満足でした。

在庫を抱えたくない、一着でも多く処理したいからと売れない商品を並べるのと、売れ筋の商品を出すのではどっちがお客さまが喜ぶかを考えれば葛藤は生じないはずです。

売れない商品なんて欲しくないですし、そんな商品が並んでいる店舗に行っても心は躍りません。

「何が重要か」を起点にすれば、過去やしがらみに縛られずに変えられますし、即断・即決・即実行できるのです。朝、決めたことをその日の朝のうちに変える勇気も自然と備わります。

それを支えるのが即断・即決・即実行の「仕組み」です。みなさんも日々の業務に取り入れてみると、きっと目覚ましい成長につながるはずです。

おわりに

「ユニクロの仕組み化」といわれても、カリスマ経営者の柳井正さんのイメージが強く、直感的に逆では？と思われた方が多かったのではないかと思います。

ユニクロで執行役員として働いていた私から見ても、柳井さんのカリスマ性は強烈でした。ただ、そのカリスマ性だけでは創業からわずか40年で、成熟産業であったアパレル産業で世界を代表する企業に成長することは難しかったでしょう。

では、なぜ、それが可能だったのか。そのために、ユニクロは何をしてきたのか。それが「仕組み化」です。ユニクロの歴史は「仕組み化」とそのアップグレードの歴史ともいえます。

「はじめに」で述べたようにユニクロは日本企業でトップクラスの生産性（ＲＯＥ）

と将来の成長期待（ＰＥＲ）を実現し、ＧＡＦＡＭにひけを取らない高いＰＢＲ（株価純資産倍率≒企業価値創出効率）を生み出しています。

この高い企業価値創出力のドライバーは私の見方では「服を変え、常識を変え、世界を変えていく」「グローバルＮｏ．１ブランド」になるミッション・ビジョンが１割、「仕組み化」が９割です。

単なる生産性向上の仕組みだけでなく、イノベーションを促進し、経営を高速スピードで回せる仕組みがあることが、ユニクロのすごさの源泉にあります。

柳井さんがどれほど「仕組み化」の大切さを認識して、いかに率先して「仕組み化」に取り組んできたかは、本書を読むことで、理解いただけたはずです。

最後になります。

平成の失われた30年で世界における価値創出競争から取り残された日本企業。私は日本企業に再び世界で輝いてもらいたいという思いでＵＮＬＯＣＫ ＰＯＴＥＮＴＩＡＬ（日本企業の人と組織のポテンシャルを解き放つ）という会社を立ち上げ、人材組織変革をライフワークとして取り組んできました。

読者のみなさんへのお願いは「ユニクロは仕組みで大きくなったんだ。すごいね」で終わらせないで下さいということです。「仕組み化」はユニクロにしかできないわけではありません。自分の部署やチーム、仕事の「仕組み化」に着手してみてください。チームメンバーを巻き込みながら一緒に「仕組み」をつくってみましょう。

生産性が上がったり、イノベーションが起こせたりするのはもちろん、チームの一体感が変わるはずです。

「仕組み」をつくることとは、自分が働く根っこを見つめ直す作業です。自分は何のために仕事をするのか、仕事で本当に大事なのは何か。青臭い話かもしれませんが、そうしたことをフラットに議論することで、メンバーの心に火がつく瞬間を私は何度も見てきました。まず一歩踏み出してみてください。みなさんの、そして組織の未来がきっと開けてくるはずです。

日本企業が再び世界に輝く日を夢見て。

宇佐美潤祐

著者略歴

宇佐美 潤祐（うさみ じゅんすけ）

東京大学経済学部卒業。ハーバード大学ケネディ大学院修了（政策学修士）。アーサー・D・リトル経営大学院修了（経営学修士、首席）。
1985年に東京海上に入社。米国留学を経て、戦略コンサルティング業界へ。ボストン コンサルティング グループ（BCG）ではパートナー、組織プラクティスの日本の責任者を務め、Organization Practice Award を受賞。その後、シグマクシスを経て、2012年から2016年の間、ファーストリテイリングの経営者育成機関FRMIC担当役員を務めた。その後アクセンチュアの人材組織変革プラクティスのジャパン全体の責任者を経て、リード・ザ・ジブンを起点にした人材組織変革を手掛けるUNLOCK POTENTIAL（「人と組織の可能性を解き放つ」の意味）を設立。デジタルトランスフォーメーションにともなう人材組織変革、経営者人材育成、経営チーム変革、組織風土変革、新規事業創出等のコンサルティングおよび研修・講演を行なっている。

ユニクロの仕《し》組《く》み化《か》

2024年11月2日　初版第1刷発行
2025年3月21日　初版第4刷発行

著　　者　宇佐美《うさみ》 潤祐《じゅんすけ》
発 行 者　出井貴完
発 行 所　SBクリエイティブ株式会社
〒105-0001 東京都港区虎ノ門2-2-1
装　　丁　西垂水 敦（krran）
本文デザイン　松好那名（matt's work）
校　　正　ペーパーハウス
D T P　株式会社RUHIA
編集協力　栗下直也
編集担当　水早 將
印刷・製本　三松堂株式会社

本書をお読みになったご意見・ご感想を
下記URL、またはQRコードよりお寄せください。
https://isbn2.sbcr.jp/28246/

落丁本、乱丁本は小社営業部にてお取り替えいたします。定価はカバーに記載されております。本書の内容に関するご質問等は、小社学芸書籍編集部まで必ず書面にてご連絡いただきますようお願いいたします。

ISBN978-4-8156-2824-6